Lire et écrire à la maison

Programme de littératie familiale
favorisant l'apprentissage de la lecture

Lise Saint-Laurent
Université Laval

Jocelyne Giasson
Université Laval

Michèle Drolet
Commission scolaire de Montréal

Chenelière/McGraw-Hill
MONTRÉAL • TORONTO

Lire et écrire à la maison
Programme de littératie familiale favorisant l'apprentissage
de la lecture

Lise Saint-Laurent, Jocelyne Giasson et Michèle Drolet

© 2001 Les Éditions de la Chenelière inc.

Coordination: Josée Beauchamp
Révision linguistique: Ghislaine Archambault
Correction d'épreuves: Louise Hurtubise
Couverture et maquette intérieure: Josée Bégin
Infographie: Ellen Lavoie, Fenêtre sur cour
Illustrations: Yves Boudreault

Données de catalogage avant publication (Canada)

Saint-Laurent, Lise, 1948-

Lire et écrire à la maison: programme de littératie familiale
favorisant l'apprentissage de la lecture

Comprend des réf. bibliogr.
(Chenelière/Didactique. Langue et communication)

ISBN 2-89461-541-8

1. Alphabétisation — Programmes familiaux. 2. Lecture (Ensei-
gnement primaire). 3. Écriture — Étude et enseignement (Primaire).
I. Giasson-Lachance, Jocelyne. II. Drolet, Michèle. III. Titre.
IV. Collection.

LB1525.56.S24 2001   372.6'044   C00-942179-3

Chenelière/McGraw-Hill
7001, boul. Saint-Laurent
Montréal (Québec)
Canada H2S 3E3
Téléphone: (514) 273-1066
Télécopieur: (514) 276-0324
chene@dlcmcgrawhill.ca

ISBN 2-89461-541-8

Dépôt légal: 1er trimestre 2001
Bibliothèque nationale du Québec
Bibliothèque nationale du Canada

1 2 3 4 5 A 05 04 03 02 01

Nous reconnaissons l'aide financière du gouvernement du Canada
par l'entremise du Programme d'aide au développement de l'indus-
trie de l'édition (PADIÉ) pour nos activités d'édition.

L'Éditeur a fait tout ce qui était en son pouvoir pour retrouver les
copyrights. On peut lui signaler tout renseignement menant à la
correction d'erreurs ou d'omissions.

Cet ouvrage est dédié aux enfants,
notre source première d'inspiration.
Le succès du programme Lire et
écrire à la maison (LÉA)
nous incite à poursuivre notre
engagement auprès d'eux.

« Pour informer les parents de mes élèves sur l'apprentissage de la lecture, j'avais l'habitude de proposer une rencontre de deux heures. Puis, j'ai expérimenté le programme LÉA. J'ai beaucoup aimé cette façon de faire : laisser les parents expérimenter avec leur enfant, faire un retour la semaine suivante... Les parents étaient beaucoup moins inquiets. LÉA est un heureux prolongement de ce qui se fait et se dit en classe. »

Pierrette Martel, enseignante

« Le programme LÉA a aidé les parents de ma classe à démythifier l'apprentissage de la lecture. Les enfants ont pu utiliser les stratégies de lecture ailleurs que dans leurs manuels scolaires. Le programme touche tous les aspects de l'apprentissage du français. »

Johanne Fontaine-Cossette, enseignante

« Les ateliers nous motivent à trouver du temps pour lire et écrire avec notre enfant. Cela a aidé mon enfant à être motivée. On pouvait faire des choses ensemble tout en s'amusant. »

Parents de Jennifer et de Marianne

« Le programme donne d'autres moyens d'apprendre. On peut mieux comprendre comment notre enfant apprend à lire et à écrire. Ça rend l'éducation plus humaine et ça nous donne plus de responsabilités : ce n'est pas seulement l'affaire de l'enseignante. »

Parent de Pierre-Luc

Table des matières

Remerciements IX

Introduction VII

Atelier 1
Les livres et la réussite scolaire   **1**

FICHE 1A   Survol du programme « Lire et écrire
à la maison (LÉA) » 11

FICHE 1B   Le plaisir de lire et d'écrire 12

Atelier 2
Continuer de faire la lecture à son enfant   **13**

FICHE 2A   Comment faire la lecture à son enfant ?............. 22

FICHE 2B   Pourquoi faire la lecture à son enfant même
s'il commence à lire seul ?................................. 23

FICHE 2C   Faire la lecture à son enfant :
quelques conseils utiles 24

Atelier 3
Jouer avec les lettres   **25**

FICHE 3A   Jouer avec les lettres 32

FICHE 3B   L'abécédaire 33

ANNEXE 3A   Grille de lettres 34

Atelier 4
La lecture et l'écriture dans la vie de tous les jours   **37**

FICHE 4A   Être un modèle pour son enfant 45

FICHE 4B   Activités à réaliser dans les situations
de la vie quotidienne 46

FICHE 4C   Écrire une histoire dictée par son enfant........... 47

FICHE 4D   La marmite de l'histoire.................................. 48

ANNEXE 4A   Occasions de lire et d'écrire à la maison............ 49

ANNEXE 4B   Une histoire inventée..................................... 50

Atelier 5

Écouter lire son enfant 51

FICHE 5A   Stratégies de lecture 57

ANNEXE 5A   Exemple de liste de livres à emprunter.............. 58

Atelier 6

Jeux d'écriture 59

FICHE 6A   Le plaisir d'écrire : quelques conseils 68

FICHE 6B   Suggestions de jeux d'écriture 69

FICHE 6C   Écriture d'un journal en duo 70

ANNEXE 6A   Qu'est-ce qu'écrire ? 71

ANNEXE 6B   Exemple de journal en duo 72

Atelier 7

Écouter lire son enfant qui développe sa compétence 73

FICHE 7A   Écouter lire son enfant : comment créer un climat agréable ?.. 78

FICHE 7B   Écouter lire son enfant : vous avez des questions ?.. 79

FICHE 7C   Écouter lire son enfant : suggestions d'activités faciles à réaliser 80

Atelier 8

La synthèse et la fête 81

ANNEXE 8A   Questionnaire aux parents 85

ANNEXE 8B   Questionnaire de groupe.................................. 88

Activité spéciale

Visite à la bibliothèque 91

Bibliographie 95

Remerciements

Cet ouvrage est le fruit de la collaboration de plusieurs personnes et organismes que nous tenons à remercier.

Nous remercions tout spécialement Lyne Tardif, chargée de recherche à l'Université Laval, pour son assistance tout au cours du développement du programme et de la rédaction de ce guide.

Pour son aide précieuse et efficace dans l'élaboration du programme, nous désirons remercier Isabelle Beaudoin, étudiante au doctorat en psychopédagogie à l'Université Laval.

Un grand merci à Daniel Tournant qui a fait le tournage des images et le montage des vidéocassettes du programme LÉA.

Nous sommes très reconnaissantes aux commissions scolaires et aux enseignantes qui ont participé à l'expérimentation du programme. Merci à Gisèle Magny, Pierre Lapointe et Pierre Chamberland de la Commission scolaire de Montréal, à Roger Delisle de la Commission scolaire de la Capitale, et à Hélène Verville de la Commission scolaire des Premières Seigneuries pour leur intérêt envers le programme et pour en avoir facilité l'implantation dans les écoles.

Pour leur ouverture face à l'innovation pédagogique et leur préoccupation envers la réussite des élèves, nous sommes très reconnaissantes envers les enseignantes qui ont collaboré à l'expérimentation du programme, ce qui a permis de mieux l'articuler et d'en tester l'efficacité. De la Commission scolaire de Montréal, ce sont Dominique Lussier et Lise Jolicœur (École Baril), Lucie Laporte (École Saint-Zotique), Karine Dufrêne (École Saint-Louis-de-Gonzague), Nicole St-Amant (École Adélard-Desrosiers de la Commission scolaire de la Pointe-de-l'Île), Nathalie Dunas (École St-Jean-Baptiste-de-la-Salle), Lucie Lacoste (École Saint-Clément), Monique Desmarais et Armelle St-Pierre (École Hochelaga), Olga Somcynski (École Victor-Rousselot), Francine Richard (École Ste-Gemma-Galgani), Caroline Petrucci (École Notre-Dame-de-l'Assomption), Catherine Roger (École St-Jean-de-la-Lande), Julie Marcoux (École St-Étienne), Christine Forgues (École Ste-Jeanne-d'Arc) ; de la Commission scolaire de la Capitale, ce sont Sonia Doucet (École Stadacona), Josée Petitclerc et Pierrette Martel (École Jacques-Cartier), Johanne Cossette (École Jules-Émond), Cathy Gauvreau (École Saint-Maurice), Johanne Drolet et Chantale Dansereau (École Notre-Dame-des-Neiges), Jacqueline Labbé (École Saint-Pie-X) ; de la Commission des Premières Seigneuries, Sonia Trudelle et Danielle L'Italien (École Du Parc), Nathalie Lalancette (École Marie-Renouard), Annie Cloutier et Ginette Demers (École Monseigneur-Robert).

Notre reconnaissance va aussi à Stéphanie Papillon, enseignante à la Commission scolaire de la Capitale, qui a animé des ateliers. Nous avons apprécié ses précieux commentaires sur le programme, sa passion de l'enseignement et son grand respect des parents.

Nous désirons aussi remercier toute l'équipe des éditions Chenelière/McGraw-Hill pour la disponibilité, le professionnalisme et la compétence dont ils ont fait preuve dans les différentes étapes de la publication de cet ouvrage.

Enfin, mentionnons que le programme LÉA a été rendu possible grâce à une subvention obtenue du Fonds pour la Formation de Chercheurs et de l'Aide à la Recherche (Programme Action concertée pour le soutien à la recherche sur la prévention du décrochage scolaire en milieux défavorisés, projet n° 98-DS-0003) et à une autre du Conseil de recherche en sciences humaines du Canada (Programme de subvention ordinaire, projet n° 410-98-0899).

Lise Saint-Laurent
Jocelyne Giasson
Michèle Drolet

Introduction

Viser la réussite scolaire

Dès son plus jeune âge, l'enfant travaille déjà à construire les connaissances et les habiletés qui feront plus tard de lui un élève compétent. Ainsi, la stimulation prodiguée par les parents est importante pour soutenir le développement cognitif du jeune apprenant. L'éveil au monde de la lecture et de l'écriture, avant même l'entrée à l'école, est un élément clé de la réussite scolaire. Lire une histoire à voix haute, préparer une carte d'anniversaire pour grand-mère ou encore aller à la bibliothèque ne sont que quelques exemples d'activités quotidiennes qui permettent de sensibiliser l'enfant à l'univers des mots. C'est ce qu'on appelle la *littératie familiale*.

Avec les débuts de l'apprentissage formel — lorsque l'enfant entre au premier cycle du primaire —, les parents doivent conjuguer leurs actions avec celles qui se déroulent en classe. Plusieurs parents ne savent pas exactement comment aider leur enfant dans l'apprentissage de la lecture et de l'écriture. Certains se sentent démunis quand ils doivent écouter leur enfant lire, activité qu'ils font quotidiennement dans le soutien qu'ils apportent au jeune élève au moment des devoirs et des leçons. Partagés entre les «bonnes vieilles méthodes» et les nouveaux programmes mis de l'avant par le ministère de l'Éducation, les parents ne savent pas précisément ce que l'école attend d'eux. C'est pour les outiller dans leur rôle de soutien à l'apprentissage de leur enfant que le programme d'ateliers *Lire et écrire à la maison* (LÉA) a été créé. Le présent ouvrage vous fera connaître ce programme en détail.

LÉA : aider les parents à soutenir leur enfant

LÉA s'adresse donc aux enseignantes, enseignants, orthopédagogues et autres agents d'éducation qui veulent permettre aux parents de développer des moyens concrets et efficaces pour soutenir leur enfant qui commence à lire et à écrire.

Développé pour tenter de prévenir l'échec scolaire, LÉA a été expérimenté avec succès auprès de parents et d'enfants de divers milieux socioéconomiques. Ce programme encourage les parents à fournir un soutien de qualité à leur enfant par des interventions basées sur les courants actuels et les données de recherches récentes. Il répond donc aux besoins de tous les parents d'enfants qui entrent en première année.

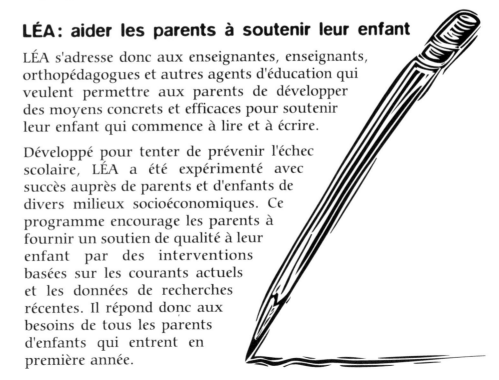

Une structure simple et détaillée

Le présent ouvrage propose huit ateliers et une visite à la bibliothèque (*voir la table des matières*). Chaque atelier dure approximativement une heure trente minutes. Nous vous suggérons de tenir un atelier par semaine, dès le mois de septembre de la première année du cycle. Cependant, le septième atelier ne devrait pas être tenu avant le mois de janvier, de sorte que les élèves aient commencé à lire de façon autonome. La visite à la bibliothèque peut avoir lieu en tout temps après le premier atelier.

Il est préférable que les ateliers se déroulent à l'école, sur les heures de classe. Ainsi, il est plus facile de faire participer les enfants. Toutefois, si la disponibilité des parents qui désirent assister aux ateliers ne le permet pas, il est possible de convenir d'un autre moment (soir ou fin de semaine) et, au besoin, d'adapter les ateliers en tenant compte de l'absence des enfants. Dans cet ouvrage, les moments propices à la participation des enfants sont facilement repérables grâce à deux pictogrammes.

Arrivée des enfants

Départ des enfants

Structurés de façon similaire, les ateliers proposent une démarche simple et détaillée. À plusieurs endroits, des exemples de propos sont même suggérés afin de faciliter votre travail d'animatrice ou d'animateur. Par ailleurs, vous aurez très peu de matériel à préparer : des fiches et des annexes reproductibles sont prévues pour tous les ateliers. D'autres articles (chemises, spicilège, lettres de carton, calepin, etc.) sont également requis pour le déroulement de quelques ateliers. Il serait souhaitable que vous disposiez d'un certain budget de façon à pouvoir distribuer ledit matériel gratuitement aux parents, surtout si vous œuvrez dans un milieu défavorisé.

En outre, il est nécessaire de disposer de quelque 25 livres — choisis en fonction des habiletés des lecteurs débutants —, que les participants pourront emprunter (*voir la liste suggérée, page 58*). Une entente avec la bibliothèque de l'école peut faciliter le tout.

Un ensemble de cinq vidéocassettes

Enfin, mentionnons qu'un ensemble de cinq vidéocassettes[1] portant sur le programme LÉA est également offert. Pour vous les procurer, veuillez communiquer avec la maison d'édition Chenelière/McGraw-Hill.

Vidéo 1 : Lire à son enfant même en première année

Vidéo 2 : Jouer avec les lettres

Vidéo 3 : La lecture et l'écriture dans la vie de tous les jours

Vidéo 4 : Écouter lire son enfant

Vidéo 5 : Jeux d'écriture

Ces documents vidéo d'environ trente minutes chacun peuvent aussi bien servir au cours des ateliers pour illustrer les interventions et les activités qu'être utilisés par des parents qui ne peuvent assister aux rencontres ou qui ont manqué un atelier. Bien que la formule « Atelier » se soit avérée plus efficace que la formule « Vidéo » pour la réussite en lecture et en écriture des enfants, cette dernière constitue néanmoins une solution de rechange fort appréciée par ceux qui en ont fait l'expérience. Lorsque l'on opte pour la formule « Vidéo », les parents doivent avoir la possibilité de visionner plus d'une fois chacun des documents. Il est donc souhaitable d'établir un système de prêts : pour ce faire, nous vous suggérons de vous procurer cinq ensembles de vidéocassettes du programme.

- **Phase 1 :** prêt systématique des vidéos (de la fin de septembre au début de novembre). Pour faciliter la circulation du matériel, il est préférable de limiter la durée des prêts à une journée.

  Chaque semaine, cinq exemplaires d'une même vidéocassette sont mis en circulation. Ainsi, tous les enfants de la classe pourront apporter une vidéocassette à la maison un soir de la semaine. La phase 1 s'échelonne donc sur cinq semaines.

  - Semaine 1 : Lire à son enfant même en première année
  - Semaine 2 : Jouer avec les lettres
  - Semaine 3 : La lecture et l'écriture dans la vie de tous les jours
  - Semaine 4 : Écouter lire son enfant
  - Semaine 5 : Jeux d'écriture

- **Phase 2 :** prêt avec rappel (du début de novembre à la fin de décembre). Une fois la phase 1 complétée, une note est insérée hebdomadairement dans l'agenda de chaque élève afin de rappeler aux parents qu'il est possible d'emprunter de nouveau l'une ou l'autre des vidéocassettes. Ils n'ont qu'à inscrire sur la note de rappel, les documents qu'ils désirent revoir et à retourner rapidement la demande à l'école, de façon à vous permettre de planifier les prêts.

---

1. Line TARDIF, Jocelyne GIASSON et Lise SAINT-LAURENT, *Lire et écrire avec papa et maman*, Québec : Reportage-Vidéo D.T. enr., 2000.

- **Phase** 3 : prêt sur demande (de janvier à juin). En janvier, un dernier rappel est envoyé aux parents : il est toujours possible d'emprunter une vidéocassette du programme LÉA d'ici la fin de l'année scolaire. Aucun autre avis ne leur parviendra cependant.

Que vous optiez pour l'une ou l'autre des formules du programme LÉA, bon succès à toutes et à tous !

Lise Saint-Laurent
Jocelyne Giasson
Michèle Drolet

Les livres et la réussite scolaire

Survol de l'atelier

Déroulement

1.1 Mot d'accueil

1.2 Présentation des parents et expression des attentes

1.3 Présentation globale du programme

1.4 Remise du calendrier des rencontres

1.5 Présentation de l'atelier

Arrivée des enfants

1.6 Activité-vedette : « Lire pour le plaisir »

1.7 Présentation d'une banque de livres

1.8 Choix d'un livre par le parent et l'enfant

Départ des enfants

1.9 Information sur le prêt de livres ou de livres-cassettes

1.10 Retour sur l'atelier et planification

Matériel nécessaire

- Boîte contenant au moins autant de livres de bibliothèque qu'il y a de participants (fiche de prêt de livres)

- Un livre à lire au groupe (suggestion : *Elmer, encore et encore*)

- Quelques livres-cassettes (fiche de prêt)
- « Survol du programme » (fiche 1A, page 11)
- « Survol de l'atelier »

À distribuer aux participants

- Chemise personnalisée (nom du parent et de l'enfant)
- « Le plaisir de lire et d'écrire » (fiche 1B, page 12)
- Calendrier des rencontres

1.1 Mot d'accueil

À titre de responsable de l'animation, présentez-vous aux participants et souhaitez-leur la bienvenue. Précisez ensuite le rôle que vous aurez à assumer au cours des ateliers (animer les rencontres, faire des démonstrations, fournir la documentation et les outils de travail, accompagner, soutenir, motiver et encourager les parents et les enfants, etc.).

1.2 Présentation des parents et expression des attentes

Invitez les parents à se présenter, puis, pour ceux qui le souhaitent, à exprimer leurs attentes. Vous pouvez, par exemple, leur poser la question suivante : « Pourquoi avez-vous le goût de participer aux ateliers, quels sont vos besoins ? »

1.3 Présentation globale du programme

À l'aide de la fiche « Survol du programme » (fiche 1A, page 11), présentez les objectifs du projet et les thèmes des ateliers.

Vous trouverez ci-dessous, de même que par la suite tout au long de ce guide, des exemples de propos que vous pourriez tenir au groupe. Ces exemples sont facilement repérables grâce à leur présentation particulière.

Présentation des objectifs visés

Vous êtes peut-être étonnés, en tant que parents, de vous retrouver aujourd'hui dans la situation d'entreprendre une formation, et vous vous dites peut-être : « Dans mon temps, c'était plus simple. Ma mère n'avait pas besoin d'aller à l'école pour m'aider à réussir ma première année... » C'est vrai, mais l'éducation, comme toutes les autres sciences ou disciplines, évolue grâce à la recherche et aux multiples expériences qui sont tentées. Ainsi, aujourd'hui, on comprend mieux comment se fait l'apprentissage, alors qu'au moment où certains d'entre nous étaient à l'école primaire, on présumait que tout s'apprenait essentiellement par cœur. Également, à l'époque, on croyait qu'il suffisait de connaître les règles de grammaire et l'orthographe des mots pour pouvoir écrire un texte. Aujourd'hui, on comprend mieux ce que doit faire la personne qui écrit pour fixer, organiser et formuler

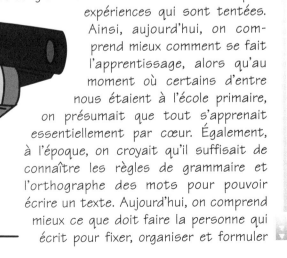

sa pensée. Enfin, on a cru longtemps qu'il suffisait de savoir décoder pour lire et comprendre un texte, mais on comprend mieux aujourd'hui ce que fait le lecteur pour saisir le sens de ce qu'il lit et retenir l'information. Et parce que l'on comprend mieux comment se fait l'apprentissage, on arrive à mettre au point des façons de faire ou des méthodes qui aident plus efficacement les enfants dans leurs apprentissages.

De plus, de nombreuses études nous montrent que l'apprentissage de la lecture est déterminant pour la réussite scolaire. On sait aussi que la réussite du premier cycle scolaire est importante pour l'obtention d'un diplôme: on a démontré, ici même au Québec, l'influence d'un échec en première année sur le décrochage scolaire... Devant ces résultats, les chercheurs et les milieux scolaires se préoccupent de plus en plus de créer des outils pour soutenir les élèves dans l'apprentissage de la lecture et de l'écriture. Ils se préoccupent aussi d'y associer les parents parce que l'on sait maintenant combien leur rôle est déterminant pour la motivation et la réussite de l'enfant.

Vous pouvez aussi présenter les objectifs en engageant une discussion avec les parents. Des questions telles que les suivantes peuvent susciter leur participation.

- Pensez-vous que c'est une bonne chose que les méthodes et les manuels scolaires changent?
- D'où viennent ces changements, selon vous?
- Pensez-vous qu'il est important de réussir sa première année? Pourquoi?
- Quelle est, selon vous, l'habileté à développer pour réussir à l'école?
- Pensez-vous qu'il est important de s'engager comme parents dans l'apprentissage que font les enfants, ou que l'école peut très bien faire son travail toute seule et qu'il vaut mieux ne pas s'en mêler?

Présentation des ateliers

Nous vous proposons de participer à huit ateliers au cours desquels nous nous intéresserons spécifiquement à l'apprentissage de la lecture et de l'écriture. Pourquoi? Parce qu'il est prouvé que la maîtrise de ces activités est déterminante pour la réussite de la carrière scolaire.

Au cours de ces ateliers, nous verrons comment on peut augmenter l'intérêt de son enfant pour la lecture et l'écriture. Nous verrons aussi qu'on peut profiter de toutes sortes d'occasions de la vie quotidienne pour lire et écrire avec son enfant, tout en lui proposant des activités amusantes. Finalement, nous allons explorer ensemble des façons de faire pour soutenir l'enfant, pour l'accompagner au fur et à mesure qu'il développe ses habiletés.

Bref, ces ateliers ont pour but de vous aider à proposer à votre enfant des défis raisonnables, c'est-à-dire ni trop faciles ni trop difficiles, tout en le motivant à apprendre à lire et à écrire. Au cours des activités, il ne faudra pas oublier de faire voir à votre enfant qu'il possède déjà des compétences. Cela aura une grande influence sur sa motivation et son intérêt pour la lecture et l'écriture.

1.4 Remise du calendrier des rencontres

Après avoir proposé aux parents le calendrier prévu pour les rencontres, demandez-leur s'il leur convient. Des modifications peuvent être apportées à la suite de cela. Une fois le calendrier établi, il peut être utile d'inviter les participants à proposer des moyens pour ne pas oublier les moments de rencontres déterminés (mémo dans l'agenda scolaire, appel téléphonique, etc.). Cela fait, vous pouvez passer à la présentation de l'atelier proprement dit.

1.5 Présentation de l'atelier

Quoi ? Comment ?

Présentez d'abord rapidement l'agenda du premier atelier (le déroulement prévu, si vous préférez). Pour simplifier votre tâche, vous pouvez simplement utiliser une photocopie de la page « Survol de l'atelier » (page 2). Vous pourrez répéter l'exercice pour tous les ateliers.

Aujourd'hui, je vais d'abord vous lire une histoire, en présence de vos enfants. Dans quelques minutes, nous irons les chercher et vous pourrez observer la joie qu'ils auront à écouter l'histoire tout simplement pour le plaisir et pour y réagir. Ensuite, je vais vous présenter quelques livres et vous inviter à en choisir un avec votre enfant. Nous prendrons alors quelques minutes pour partager ce qui a influencé votre choix. Nous parlerons ensuite des endroits où il est possible d'emprunter des livres. Avant de nous quitter, nous échangerons nos impressions sur l'atelier, je vous proposerai une activité à réaliser avec votre enfant à la maison et je vous annoncerai ce que nous allons faire la semaine prochaine.

Pourquoi?

Vous ne le savez peut-être pas, mais la recherche a démontré que les enfants à qui on a raconté beaucoup d'histoires réussissent mieux à l'école. C'est une donnée des plus intéressantes: elle nous informe qu'une activité toute simple et amusante, qui ne demande pas une grande organisation, permet de favoriser chez l'enfant le développement d'habiletés (cognitives et langagières) qui seront très utiles pour les autres apprentissages scolaires (par exemple: faire des hypothèses, les vérifier, se familiariser avec la langue écrite, établir des liens, trouver le sens d'un mot inconnu, résumer, transformer une histoire, etc.).

1.6 Activité-vedette: «Lire pour le plaisir»

Lorsque les enfants arrivent, invitez-les à retrouver leurs parents et à s'installer confortablement pour écouter une histoire. Présentez-leur d'abord la démarche qui sera suivie: préparation, lecture proprement dite et réaction à la lecture. Ensuite, faites-en la démonstration à partir d'un album. Disons, ici, que vous utilisez l'album *Elmer encore et encore*[2]. Présentez le livre et dites pourquoi vous l'avez choisi.

Elmer est un petit espiègle qui réussit à jouer un tour à la famille d'éléphants à laquelle il appartient. Il s'agit d'un tour très astucieux, étonnant... Moi-même, j'espère réussir à vous jouer un tour en vous présentant cette histoire, car il n'est pas certain que vous arriviez à découvrir l'astuce d'Elmer...

Ensuite, lisez un résumé du récit, puis invitez les enfants et les parents à y réagir. Poursuivez en lisant l'introduction (pages 2 et 5) et présentez quelques illustrations pour favoriser la formulation d'hypothèses sur ce qui pourrait arriver dans l'histoire (pages 6, 10, 14, 20; illustrations A, B, C, D).

Choisissez quatre ou cinq illustrations pour souligner les moments clés de l'histoire (situation de départ; élément déclencheur; exposition du problème; élément de solution) et pour aider les participants à émettre des hypothèses plausibles qui seront confirmées ou infirmées lors de la lecture proprement dite de l'histoire. Cette façon de faire crée de l'intérêt, invite au plaisir et contribue à faire participer les auditeurs.

Puis vous entreprenez la lecture. Tout au long de celle-ci, assurez-vous de créer un climat de suspense en soulignant certains passages. Lorsqu'il est pertinent de le faire, invitez les participants à prévoir la suite de l'histoire; favorisez le rappel de certaines hypothèses, etc. Bref, assurez-vous d'être en interaction avec les participants, de les

---

2. David McKEE, *Elmer encore et encore,* Paris, Kaléidoscope, 1991.

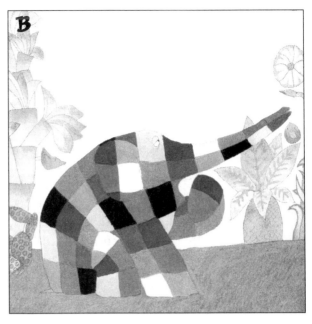

Source : David McKEE, *Elmer encore et encore*, Paris, Kaléidoscope, 1991 (©Andersen Press).

amener à découvrir activement le sens de l'histoire, et ce, dans un contexte de plaisir.

Une fois la lecture terminée, invitez les participants à réagir au récit en les encourageant à exprimer leurs émotions, leurs idées, puis rappelez le défi à relever (découvrir l'astuce d'Elmer). Vérifiez ensuite si les participants ont découvert l'astuce et ce qu'ils en pensent. (Ont-ils éprouvé du plaisir à la lecture de l'histoire ? Elmer est-il, à leur avis, un petit espiègle ? Se sont-ils fait prendre au piège ?)

1.7   Présentation d'une banque de livres

Présentez aux parents et aux enfants une banque de vingt-cinq à trente livres provenant de la bibliothèque de l'école. Ces livres auront été déposés dans une grande boîte colorée. Choisissez-en quatre ou cinq dont vous ferez ressortir l'intérêt.

1.8   Choix d'un livre par le parent et l'enfant

Invitez ensuite les parents et les enfants à manipuler les livres qui auront été installés sur une grande table et à choisir, tout en s'expliquant mutuellement leurs préférences, celui qu'ils souhaitent emprunter pour la semaine.

Amorcez une discussion en interrogeant quelques enfants et quelques parents sur leur choix de livre. Il est intéressant de questionner les enfants d'abord, de manière à sensibiliser les adultes à leurs intérêts. Le tableau suivant propose des exemples de questions.

Pour les enfants	**Pour les parents**
• Pourquoi as-tu choisi ce livre ? Qu'est-ce qui t'a attiré ?	• Qu'aimez-vous le plus dans les livres pour enfants ?
• Qu'est-ce que tu regardes en premier lorsque tu veux choisir un livre ?	• Pensez-vous qu'il soit important de bien choisir les livres que l'on veut lire ou faire lire aux enfants ? Pourquoi ? (Complétez l'information en mettant en évidence les aspects qui n'ont pas été soulevés par les parents.)
• Y a-t-il des genres de livres que tu aimes plus que d'autres ?	• Avez-vous déjà eu à choisir un livre pour enfants (achat d'un cadeau, visite à la bibliothèque, etc.) ? Si oui, sur quoi s'est basé votre choix ? Sinon, quels seraient vos critères de choix ?

Précisez aux parents qu'il importe de bien choisir les livres, car en général on ne lit pas ce qui ne nous intéresse pas... Pour avoir envie de lire un livre et de poursuivre sa lecture, on doit être captivé, étonné, touché, ému, sinon :

- on ne maintient pas son attention ;
- on ne découvre pas activement le sens du récit en imaginant ce qui va arriver ;

- on ne retient pas ce qui vient tout juste d'être lu ;
- on ne fait pas de lien avec d'autres histoires ;
- on n'établit pas de relation avec son expérience personnelle ;
- on n'acquiert pas de goût ou d'intérêt particulier pour la lecture, parce que l'expérience ne procure pas suffisamment de plaisir ou d'intérêt ;
- on n'a pas envie d'en parler pour approfondir sa propre réflexion ou aller plus loin dans l'imaginaire.

Les albums sont les premiers livres des petits ; les illustrations peuvent raconter à elles seules une histoire, sans que l'enfant ait besoin de lire. Il importe de bien choisir les livres pour qu'ils favorisent une rencontre entre l'enfant et l'adulte.

De plus, les livres traitent souvent de réalités ou de difficultés auxquelles les enfants sont confrontés (la peur de l'obscurité, l'apprentissage de la propreté, la séparation des parents, la jalousie ou la rivalité, l'entrée à l'école, etc.). En explorant les livres, les enfants apprennent ainsi à nommer, à explorer, à mieux comprendre ces réalités et les émotions qui y sont associées.

Dans un texte de 1995, Dominique Demers[3] a élaboré des critères pour le choix d'un livre. Nous vous en présentons un résumé ci-dessous. Choisissez quelques éléments que vous présenterez aux parents.

- Il faut savoir se mettre dans la peau d'un enfant, voir le monde avec son regard.
- L'album raconté doit d'abord séduire le lecteur (l'adulte), si celui-ci veut en faire une lecture convaincante pour un enfant.
- Il est préférable de choisir des livres en compagnie de l'enfant à qui ils sont destinés. Les réactions spontanées d'un enfant méritent d'être considérées.
- Il importe de lire quelques pages. Si après quelques minutes, on n'a plus envie de poursuivre la lecture, il vaut mieux faire un autre choix.
- Il arrive souvent que les enfants développent des intérêts ou des passions (les insectes, les dinosaures, l'astronomie...), il est alors possible de stimuler leurs intérêts et de répondre à leurs questions grâce à la lecture de livres sur le sujet.

3. Dominique DEMERS, dans D. DEMERS, Y. LAVIGUEUR, G. GUiNDON, I. CRÉPEAU, *La bibliothèque des enfants. Des trésors pour les 0 à 9 ans,* Boucherville, Québec–Amérique Jeunesse, 1995, p. 11 et 12.

1.9 Information sur le prêt de livres ou de livres-cassettes

Rappelez aux participants quels sont les lieux où l'on peut emprunter des livres : bibliothèque de la classe, bibliothèque de l'école, bibliothèque du quartier, chez des amis, etc.

Dans les classes où il y a des parents allophones ou analphabètes, on peut aussi mettre à leur disposition des livres-cassettes. Peu d'ouvrages sont offerts dans ce format sur le marché, mais il est très simple d'en confectionner[4]. Expliquez d'abord aux parents ce qu'est un livre-cassette. Demandez-leur s'ils connaissent ce genre de livre. Après leur avoir montré quelques exemplaires, vous pouvez leur faire écouter des extraits. Puis, faites valoir aux parents les avantages de ce type de livre avant de procéder au prêt proprement dit de matériel.

Vous pouvez notamment souligner aux participants que :

- l'enfant est plus autonome, car il peut écouter la cassette tout en suivant dans son livre à son rythme, en faisant des pauses aussi souvent qu'il le désire ;
- l'enfant entend lire un autre adulte (autre modèle), ce qui rend donc l'activité de lecture différente ;
- de façon générale, cette activité est appréciée des enfants ; elle leur procure du plaisir, ce qui est susceptible d'accroître leur intérêt pour la lecture.

1.10 Retour sur l'atelier et planification

Dans cette partie de l'atelier, invitez d'abord les participants à exprimer leur degré de satisfaction par rapport aux activités qu'ils viennent de vivre. Vous pouvez aussi les inviter à partager un apprentissage qu'ils ont fait ou une préoccupation qu'ils peuvent avoir.

Demandez aux parents de lire à leur enfant, durant la semaine, le livre qu'ils viennent d'emprunter et qu'ils doivent rapporter la semaine suivante (assurez-vous que les parents ont signé la fiche de prêt et vous l'ont rendue).

Remettez aux participants la fiche 1B (page 12) ainsi qu'une chemise personnalisée pour ranger tous les documents que vous leur remettrez au cours des ateliers. *Nous vous recommandons de plastifier la fiche 1B* et d'apposer un petit aimant à l'endos de façon à ce que les parents puissent aisément l'installer dans un endroit stratégique (sur le frigo, par exemple) pour se motiver à faire quotidiennement la lecture à leur enfant et pour s'imprégner des grands principes du programme.

Présentez enfin le thème du deuxième atelier : « Continuer de faire la lecture à son enfant ». Précisez que l'atelier portera sur ce qu'il faut faire avant, pendant et après la lecture, et que les parents seront invités à s'exercer avec leur enfant.

---

4. Nicole GIRARD, *Le livre-cassette*, Montréal : Éditions Ville-Marie, 1983.

Survol du programme

« Lire et écrire à la maison (LÉA) »

Buts

- Créer des outils pour soutenir les élèves dans l'apprentissage de la lecture et de l'écriture.

- Associer les parents à cette démarche parce que leur rôle est déterminant pour la motivation et la réussite de l'enfant.

Thèmes et dates des ateliers

Huit ateliers et une activité spéciale vous sont proposés dans le cadre de ce programme :

Thème	*Date*
• Les livres et la réussite scolaire	_____
• Continuer de faire la lecture à son enfant	_____
• Jouer avec les lettres	_____
• La lecture et l'écriture dans la vie de tous les jours	_____
• Écouter lire son enfant	_____
• Jeux d'écriture	_____
• Écouter lire son enfant qui développe sa compétence	_____
• La synthèse et la fête	_____
• Visite à la bibliothèque	_____

Le plaisir de lire et d'écrire

- Lire pour le plaisir avec mon enfant, chaque jour, en favorisant des discussions avec lui.

- Encourager mon enfant à enrichir sa banque de mots personnels.

- Aider mon enfant dans la fabrication de son abécédaire.

- Jouer avec les lettres.

- Écrire des histoires dictées par mon enfant.

- Être pour lui un modèle de lecteur.

- Encourager les activités de lecture et d'écriture qui se présentent dans la vie quotidienne.

- Écouter lire mon enfant chaque jour.

- Tenir un journal en duo avec mon enfant.

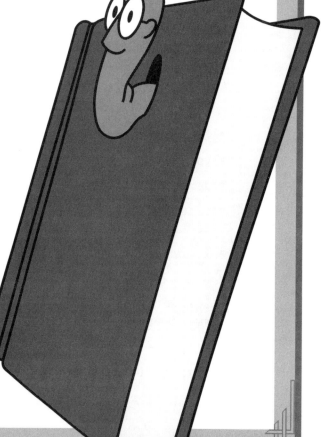

Mettre cette fiche bien en vue à la maison !

Continuer de faire la lecture à son enfant

Survol de l'atelier

Déroulement

2.1 Mot d'accueil et retour sur les activités réalisées à la maison

2.2 Présentation de l'atelier

2.3 Discussion sur l'importance de faire la lecture aux enfants

2.4 Démonstration d'une façon de faire la lecture

2.5 Présentation des stratégies à utiliser avant, pendant et après la lecture

Arrivée des enfants

2.6 Pratique des parents

Départ des enfants

2.7 Retour sur l'atelier

2.8 Planification

Matériel nécessaire

- Boîte de livres de bibliothèque
- Un livre à lire au groupe, en format géant (par exemple, *Benjamin et la nuit*)
- « Survol de l'atelier »
- Affiche sur les stratégies à utiliser avant, pendant et après la lecture (fiche 2A, page 22)

À distribuer aux participants

- « Comment faire la lecture à son enfant ? » (fiche 2A, page 22)
- « Pourquoi faire la lecture à son enfant ? » (fiche 2B, page 23)
- « Faire la lecture à son enfant : quelques conseils utiles » (fiche 2C, page 24)

2.1 Mot d'accueil et retour sur les activités réalisées à la maison

Souhaitez la bienvenue au groupe et, s'il y a lieu, présentez-vous aux nouveaux participants. Pour le bénéfice des nouveaux arrivants, présentez une brève synthèse du premier atelier. Invitez ensuite les personnes qui étaient présentes à faire un retour sur cet atelier. Enfin, ceux qui le veulent peuvent partager avec l'ensemble du groupe les expériences qu'ils ont vécues à la maison à la suite de ce premier atelier. Mettez les participants à contribution pour trouver des solutions aux difficultés qui sont alors évoquées.

- Avez-vous pu réaliser l'activité suggérée ?
- Avez-vous observé des attitudes ou des réactions particulières chez votre enfant ?
- Avez-vous eu du plaisir ensemble ? Pourquoi ?
- Votre enfant semblait-il apprécier cette activité ?
- A-t-il été confronté à des difficultés particulières ?

2.2 Présentation de l'atelier

Quoi ? Comment ?

Aujourd'hui, nous allons nous intéresser plus particulièrement à l'apprentissage de la lecture et aux interventions que l'on peut faire comme parent pour favoriser le développement de l'habileté de lecture et du sentiment de compétence chez son enfant. Nous avons quatre activités à vivre. D'abord, nous allons engager une discussion au cours de laquelle nous allons partager nos expériences de jeunesse en lecture et nos habitudes de lecture actuelles. Nous réfléchirons ensuite sur l'importance et les avantages de faire la lecture aux enfants, puis nous parlerons de l'organisation physique et de la gestion de cette activité.

Ensuite, je vais vous présenter une histoire, *Benjamin et la nuit*[5], en vous montrant ce qu'on peut faire pour préparer la lecture, pour favoriser chez l'enfant la compréhension pendant la lecture et pour l'amener à réagir et à réfléchir après la lecture.

Après cette démonstration, nous examinerons les façons de faire qui vous auront davantage frappés.

Je vous laisserai ensuite le temps de choisir un livre pour préparer la lecture que vous allez faire avec votre enfant. Je pourrai vous aider au besoin. Puis nous irons chercher les enfants et vous tenterez d'utiliser certaines des stratégies que vous aurez observées. Je pourrai aussi vous soutenir et vous venir en aide.

---

5. Paulette BOURGEOIS, *Benjamin et la nuit*, Richmond Hill, Scholastic, 1986.

> Avant de nous quitter, nous échangerons nos impressions sur l'atelier, je vous proposerai une activité à réaliser à la maison et je vous annoncerai ce que nous ferons la semaine prochaine.

Pourquoi?

Comme je vous le disais la semaine dernière, la recherche a démontré que les enfants à qui on a raconté beaucoup d'histoires ont tendance à réussir mieux que les autres à l'école. J'ajouterai que l'apprentissage de la lecture est un domaine très documenté, c'est-à-dire un domaine qui a donné lieu et qui donne toujours lieu à un grand nombre de recherches. Et grâce à ces travaux, on sait mieux aujourd'hui ce qui se passe dans la tête de l'élève qui apprend à lire. Par conséquent, on sait mieux ce qu'il faut faire pour aider l'apprenti lecteur à acquérir et à développer des compétences.

2.3 Discussion sur l'importance de faire la lecture aux enfants

Invitez les participants à partager leurs expériences de jeunesse en lecture. Cette discussion devrait contribuer à mettre en lumière ce qui a facilité l'apprentissage (lire pour comprendre), ce qui a contribué au développement du sentiment de compétence, ce qui a accentué la motivation, le goût et le plaisir de lire. Après cela, invitez les participants à exprimer ce qu'ils vivent actuellement avec leurs enfants sur ce plan.

Expériences de jeunesse...

- Avez-vous eu du plaisir à apprendre à lire?
- Était-ce une tâche facile ou, au contraire, une tâche exigeante, difficile?
- Vous sentiez-vous un lecteur compétent? Pourquoi?
- Pensez-vous que certaines choses ou certaines personnes vous ont été utiles? Comment?
- Qui vous a aidé et motivé à apprendre? Comment?
- Est-ce que l'on vous a lu des histoires au cours de votre enfance?
- Quelle était votre histoire préférée?
- Dans quel climat cette activité se déroulait-elle?

Expériences de parents...

- Avez-vous l'habitude de lire des histoires à vos enfants?
- Vos enfants semblent-ils apprécier cette activité?
- Comment se comportent-ils au cours de l'activité?
- Quelles sont leurs histoires préférées?

Amenez ensuite les parents à discuter de l'importance de faire la lecture aux enfants. Vous pouvez noter les réponses des parents sur une affiche ou au tableau.

- Pensez-vous qu'il est important de lire des histoires aux enfants même lorsqu'ils sont en première année ?
- Pourquoi ne doit-on pas arrêter de faire la lecture aux enfants de première année, même s'ils apprennent à lire ?
- Quels bénéfices votre enfant peut-il retirer de cette activité ? À l'école ? À la maison ?
- Et vous, croyez-vous pouvoir retirer certains bénéfices de ces moments passés avec votre enfant à lui faire la lecture ? Lesquels ?

Une fois que les participants semblent avoir épuisé leurs réponses, vous pouvez compléter leur liste avec des éléments parmi les suivants :

- pour stimuler l'intérêt de l'enfant à l'égard de la lecture, car cette activité se vit dans un contexte de jeu et de détente et non pas dans un contexte de travail ;
- pour montrer à l'enfant à quoi peut servir la lecture (se divertir, imaginer, rêver, s'informer, etc.) ;
- pour lui permettre de se familiariser avec le langage écrit et de découvrir qu'il a une forme différente de celle du langage verbal ;
- pour lui faire découvrir certaines règles propres au langage écrit (on lit de gauche à droite ; l'écriture véhicule un message ; la lecture permet d'accéder à la signification du message, de comprendre l'histoire, etc.) ;
- pour lui permettre de se familiariser avec des concepts utiles (phrase, mot, lettre, etc.) ;
- pour lui permettre d'augmenter son vocabulaire et d'accroître ses connaissances ;
- pour l'amener à découvrir comment sont construites les histoires (début : présentation du temps, du lieu et des personnages ; milieu : description des événements qui conduisent au problème, du problème lui-même et des tentatives de solution ; fin : résolution du problème, morale ou leçon à tirer) ;
- pour vivre, chaque jour, un moment privilégié avec son enfant, un moment où toute l'attention est portée vers lui ;
- pour vivre avec son enfant un moment qui permet de découvrir ce qui le touche, ce à quoi il réagit, ce qui l'amuse, ce qui le fait rire, bref, pour apprendre à le connaître ;
- pour vivre avec lui un moment de créativité où l'on assiste à l'éclosion et au développement de son imaginaire ;
- pour le soutenir dans le développement de ses intérêts personnels et de son imagination ;
- pour créer un rituel de détente et se donner, à soi et à son enfant, l'occasion de s'évader un peu.

Remettez ensuite aux parents la fiche intitulée « Pourquoi faire la lecture à son enfant même s'il commence à lire seul ? » (fiche 2B, page 23) et invitez-les à discuter de l'organisation et des conditions à mettre en place lorsqu'on fait la lecture à un enfant. Idéalement, direz-vous aux parents, il faudrait lire un livre par jour tout en étant à l'écoute de l'enfant en tâchant d'être attentif à ses attitudes et à ses comportements.

Cela dit, invitez les participants à échanger sur la gestion de ce type d'activité.

Organisation

- Pensez-vous qu'une période de lecture avec votre enfant pourrait s'insérer dans l'horaire quotidien de la famille ?
- Où pourriez-vous la placer dans la journée pour vous assurer d'en faire un moment agréable et de détente qui reviendrait tous les jours sans déranger autre chose ?
- Pouvez-vous penser à un endroit de la maison qui serait bien pour cette activité ?
- Combien de temps pensez-vous pouvoir y consacrer ?

Gestion

- Quelle allure doit prendre cette activité, selon vous ?
- Habituellement, avez-vous une façon particulière de procéder pour faire la lecture à votre enfant ?
- Comment intervenez-vous : Posez-vous des questions ? De quel type ? Quand ? Pourquoi ?
- Avez-vous tendance à demander à votre enfant d'écouter l'histoire jusqu'à la fin (sans vous interrompre) et de poser ensuite ses questions, ou bien vous parlez-vous pendant la lecture de l'histoire ?
- Pensez-vous que lire une histoire est une activité d'écoute ou une occasion de parler avec votre enfant ? Pourquoi ?

Pour clore ce point, poursuivez en soulignant l'importance de relire le même livre.

Arrive-t-il à votre enfant de vous demander de lui relire plusieurs fois la même histoire ? Pourquoi vous demande-t-il cela, selon vous ?

C'est connu, les enfants aiment entendre les mêmes histoires, revoir les mêmes films, et cela pour plusieurs raisons. D'abord, pour satisfaire un besoin particulier, une émotion particulière. Ensuite, parce que cela leur permet de prévoir plus facilement ce qui s'en vient et de mieux comprendre les messages véhiculés. Finalement, parce que chaque contact avec la même histoire leur permet d'approfondir leur compréhension, d'aller plus loin, de remarquer un détail qu'ils n'avaient pas encore vu, de saisir le sens d'une blague, de remarquer un personnage qui avait pu jusque-là leur sembler sans intérêt.

2.4 Démonstration d'une façon de faire la lecture

Vous amorcez maintenant l'étape de la démonstration, où vous ferez aux parents la lecture du livre que vous aurez choisi. Prenons, ici, *Benjamin et la nuit* de Paulette Bourgeois. Adressez-vous aux parents tout comme vous le feriez avec un groupe d'enfants. Et mettez l'accent sur la préparation à la lecture.

Présentation de la démarche

Je vais maintenant vous expliquer comment nous allons procéder pour faire la lecture. Nous prendrons d'abord le temps de préparer notre lecture en explorant le titre et la page couverture, ensuite je vous lirai le début de l'histoire pour que vous puissiez imaginer ce qui va arriver au personnage principal. D'autres indices puisés dans le livre vont vous permettre d'enrichir vos hypothèses, c'est-à-dire de mieux saisir le problème de Benjamin et de juger s'il pourra s'en sortir. Ensuite, je vais lire l'histoire, et nous verrons alors si vos hypothèses étaient justes. En terminant, nous prendrons quelques minutes pour réagir à l'histoire et partager nos impressions.

Préparation à la lecture

Il est important de se préparer à lire, cela aide à comprendre et à s'impliquer personnellement. Le fait de se préparer permet d'être beaucoup plus attentif, plus actif et de mieux saisir et retenir ce qu'on entend. Après avoir insisté sur ce point, présentez le livre en explorant le titre et l'illustration de la page couverture pour tâcher d'éveiller l'intérêt des auditeurs (illustration A).

- *Benjamin et la nuit : pourquoi un livre sur la nuit ?*
- *Que peut-il se passer la nuit et que peut-il arriver dans cette histoire ?*
- *De quoi a l'air notre petit Benjamin ? Pourquoi, pensez-vous ?*

Lisez ensuite les deux premières pages de l'histoire pour permettre aux participants de se situer. Après la lecture de la première page, demandez-leur pourquoi cela causait un énorme problème à Benjamin d'avoir peur des endroits obscurs.

Puis survolez les illustrations, en vous arrêtant à celles de la rencontre avec le canard (illustration B) et de la rencontre avec l'ours. Demandez chaque fois aux participants pourquoi, selon eux, Benjamin rencontre ces animaux, ce qu'ils se disent et ce qui peut bien se passer entre eux.

Source, illustrations A à D : Sélection tirée de *Benjamin et la nuit* de Paulette Bourgeois, illustré par Brenda Clark et traduit par Christiane Duchesne, utilisé avec la permission des Éditions Scholastic. Copyright © Paulette Bourgeois, 1996, pour le texte. Copyright © Brenda Clark, 1996, pour les illustrations. Copyright © Les Éditions Scholastic, pour le texte français.

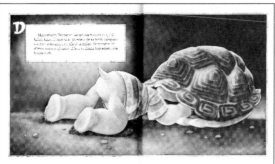

Présentez ensuite l'illustration de Benjamin et sa mère (illustration C) en gros plan, et explorez-la en invitant les participants à exprimer ce qui se passe, ce que les personnages se disent, de quoi ils ont l'air, puis concluez le survol des illustrations en explorant l'avant-dernière d'entre elles (illustration D). Demandez aux participants si Benjamin va pouvoir entrer dans sa carapace et s'il a réussi à régler son problème.

Précisez l'intention de lecture : découvrir si Benjamin arrive à résoudre son problème et comment il s'y prend.

Lecture proprement dite

Procédez maintenant à la lecture proprement dite tout en invitant fréquemment les participants à prévoir la suite du récit. La structure de celui-ci facilite grandement la prévision, du fait qu'elle est répétitive : les rencontres se passent toujours de la même façon, les mêmes paroles ou presque sont échangées entre les personnages et, à la suite de son voyage, Benjamin raconte à sa mère son périple, ce qui amène une nouvelle répétition des événements.

Réactions au récit

Après la lecture, invitez les participants à exprimer leur amusement, leur plaisir, leur surprise, etc. Poursuivez la réflexion en leur demandant ce qui a permis à Benjamin de résoudre son problème ; invitez-les ensuite à établir des liens avec leur expérience personnelle.

2.5 Présentation des stratégies utilisées avant, pendant et après la lecture

Invitez d'abord les participants à exprimer une impression générale en leur demandant, par exemple, s'ils ont été étonnés par cette façon de faire la lecture.

Amorcez ensuite une discussion sur les différentes stratégies utilisées lors de la lecture de l'histoire. Par exemple, demandez aux participants s'ils peuvent nommer l'intervention que vous avez faite avant de commencer à lire, pendant la lecture, ainsi que celles effectuées après la lecture. Complétez en ajoutant les types d'interventions qui n'auront pas été mis en évidence par les parents ; donnez des exemples.

Avant de poursuivre, vérifiez que les parents saisissent la pertinence de recourir à de telles stratégies ou façons de faire. Remettez aux parents la fiche intitulée « Comment faire la lecture à son enfant ? » (fiche 2A, page 22), tout en les invitant à en prendre connaissance.

Vous concluez cette partie de l'atelier en invitant les parents à choisir un livre. Ceux-ci prennent quelques minutes pour préparer la lecture. (Certains pourront reprendre, s'ils le souhaitent, *Benjamin et la nuit*.)

2.6   Pratique des parents

Après avoir accueilli les enfants, présentez-leur l'activité qu'ils vont vivre avec leurs parents. Précisez aussi les objectifs qui sont poursuivis. Invitez ensuite les parents à effectuer la préparation à la lecture, la lecture proprement dite, puis le retour sur l'histoire.

Faites le tour des équipes, renforcez et soutenez la participation des parents. Encouragez aussi les enfants à participer activement.

En terminant, faites un bref retour sur l'activité au cours duquel vous inviterez les enfants à exprimer leur satisfaction, leurs réactions.

2.7   Retour sur l'activité

Invitez maintenant les parents à échanger leurs impressions sur l'activité qu'ils viennent de vivre.

- Comment avez-vous trouvé l'activité ? Difficile ? Facile ?
- Pensez-vous que votre enfant va apprécier de faire l'activité à la maison, va-t-il s'impliquer, y participer activement ?
- Comment pourrez-vous conserver ou accroître son intérêt ?

2.8   Planification

Invitez les participants à planifier leurs interventions. Vous devrez les faire réfléchir sur le moment et le lieu où ils animeront l'activité, ainsi que sur les conditions à mettre en place. Mentionnez-leur que la durée de l'activité n'a pas beaucoup d'importance, mais que sa régularité est essentielle. Il faut essayer de lire un livre par jour en favorisant les conversations avec l'enfant.

Remettez aux parents la fiche 2C (page 24) et discutez-en avec eux. Occupez-vous ensuite des prêts de livres, et annoncez le thème de l'atelier 3 : « Jouer avec les lettres », ainsi que les deux activités-vedettes : « La boîte de mots personnels » et « L'abécédaire ». Demandez aux participants de conserver les dépliants publicitaires, les revues et les brochures qu'ils recevront au cours de la semaine et de les apporter la semaine suivante. Les illustrations seront utilisées pour construire l'abécédaire.

Comment faire la lecture à son enfant?

Lire des livres d'histoires à votre enfant constitue une excellente façon de l'aider à apprendre à lire. Mais vous l'aidez encore davantage quand vous prenez le temps d'en parler avec lui tout au long de la lecture: avant, pendant et après...

Avant de commencer à lire

- Attirez l'attention de votre enfant sur la page couverture, feuilletez le livre, regardez les images, etc.

- Posez des questions à l'enfant, demandez-lui s'il sait de quoi il sera question dans le livre, amenez-le à faire des prédictions, etc. S'il ne peut répondre à vos questions, montrez-lui comment en faisant les prédictions vous-même.

Pendant la lecture

- Suivez le texte du doigt. Votre enfant pourra éventuellement reconnaître certains mots qui reviennent souvent (nom du personnage principal, par exemple).

- N'hésitez pas à interrompre la lecture lorsque l'enfant réagit, pose des questions, fait des observations.

- Amenez votre enfant à réagir et à formuler des commentaires sur l'histoire.

- Posez-lui des questions sur le texte ou sur les illustrations.

- Aux endroits appropriés, invitez-le à prédire ce qui pourrait arriver dans la suite de l'histoire.

- Répondez à ses interrogations concernant le livre (texte, image, mots de vocabulaire, histoire en général).

Après la lecture

- Invitez votre enfant à donner ses impressions sur l'histoire. (A-t-il aimé l'histoire? Pourquoi? Est-ce qu'il a eu peur? Éprouvé du plaisir? Qu'est-ce qu'il a le plus aimé dans l'histoire?)

- Amenez-le à faire des liens avec ce qu'il connaît déjà du sujet, des personnages, des événements. (A-t-il déjà vécu quelque chose de semblable? A-t-il déjà lu un autre livre sur le même sujet?, etc.)

- Demandez-lui de raconter l'histoire dans ses mots. Pour l'y aider, vous pouvez lui suggérer de se référer aux illustrations ou lui poser des questions.

- Variez les livres, mais n'hésitez pas à lire et relire les livres autant de fois que l'enfant le demande. Cela lui est très utile dans les débuts de son apprentissage de la lecture.

Pourquoi faire la lecture à son enfant même s'il commence à lire seul ?

- Pour vivre un moment privilégié avec son enfant, un moment où il reçoit toute l'attention.

- Pour accroître son intérêt à l'égard de la lecture parce que l'activité se réalise dans un contexte de jeu et de détente.

- Pour lui permettre d'augmenter son vocabulaire et ses connaissances.

- Pour l'amener à découvrir comment construire une histoire.

  Début : présentation du temps, du lieu et des personnages.

  Milieu : problème, événements qui conduisent au problème, tentatives de solution.

  Fin : résolution du problème.

- Pour lui montrer à quoi peut servir la lecture (se divertir, imaginer, rêver, s'informer, etc.).

- Pour vivre avec lui un moment qui permet de découvrir ce qui le touche, ce à quoi il réagit, ce qui l'amuse, ce qui le fait rire.

- Pour créer un rituel de détente et se donner, à l'enfant et à soi, une occasion de s'évader un peu.

Faire régulièrement la lecture à mon enfant l'aidera à acquérir et à développer des connaissances et des habiletés qui faciliteront son apprentissage de la lecture.

Faire la lecture à son enfant : quelques conseils utiles

- Planifiez un moment qui sera réservé pour cette activité (avant le coucher de l'enfant ou lorsqu'il rentre de l'école, par exemple). Les enfants aiment la routine et en ont besoin.

- Faites de ce moment un instant privilégié, agréable. L'enfant appréciera d'avoir toute votre attention pendant une période déterminée.

- Quand vous lisez avec votre enfant, assurez-vous de ne faire que cela. Choisissez un endroit calme et ne vous laissez pas distraire par la télévision, etc.

- Il est important que vous lisiez le livre et non que vous racontiez l'histoire dans vos mots.

- Évitez de punir l'enfant pour une mauvaise action en lui retirant la période de lecture.

- Choisissez des livres qui plaisent à l'enfant tout en vous attirant vous-même.

- Si l'enfant le demande, n'hésitez pas à lui relire une histoire que vous lui avez déjà lue.

- N'obligez pas votre enfant à vous écouter. Arrêtez-vous quand vous voyez qu'il n'écoute plus.

Amusez-vous !
Lisez pour le plaisir !

Jouer avec les lettres

Déroulement

3.1 Mot d'accueil et retour sur les activités réalisées à la maison

3.2 Présentation de l'atelier

3.3 Discussion sur l'apprentissage de l'écriture

3.4 Présentation aux parents de trois jeux à faire avec les lettres

Arrivée des enfants

3.5 Expérimentation des jeux avec les enfants

Départ des enfants

3.6 Retour sur l'atelier et planification

Matériel nécessaire

- Revues, catalogues, magazines, dépliants publicitaires (pour fabriquer les abécédaires)
- Modèle d'abécédaire
- Boîte de livres de bibliothèque
- « Survol de l'atelier »
- Colle, ciseaux, crayons de couleur (apportés par les enfants)

À distribuer aux participants

- « Jouer avec les lettres » (fiche 3A, page 32)
- « L'abécédaire » (fiche 3B, page 33)
- Lettres de carton (35 majuscules et 40 minuscules) et sac de plastique transparent (annexe 3A, pages 34–36)
- 30 étiquettes vierges (environ 3 cm × 6 cm) et boîte de rangement
- Spicilège

3.1 Mot d'accueil et retour sur les activités réalisées à la maison

Après avoir souhaité la bienvenue au groupe, présentez-vous, s'il y a lieu, aux nouveaux participants, pour qui vous ferez rapidement la synthèse des deux premiers ateliers. Puis, invitez les participants à partager leurs expériences de la dernière semaine.

- Avez-vous pu mettre en application les différentes stratégies que nous avons vues la semaine dernière (stratégies à utiliser avant, pendant et après la lecture) ?
- Qu'avez-vous observé chez votre enfant ?
- Certains aspects sont-ils à clarifier ?
- Avez-vous éprouvé des difficultés ? Les enfants semblaient-ils apprécier cette façon de faire la lecture ?

Mettez les participants à contribution pour trouver des solutions aux difficultés qui sont évoquées.

3.2 Présentation de l'atelier

Quoi ? Comment ?

Aujourd'hui, nous allons nous intéresser à l'apprentissage de l'écriture, car nous allons aider les enfants à fabriquer une petite banque de mots personnels ; cette banque nous servira, d'ailleurs, la semaine prochaine. Nous allons aussi aborder l'apprentissage des lettres. Nous allons voir en quoi cet apprentissage est utile, puis nous allons nous familiariser avec des jeux qui devraient faciliter cet apprentissage. Pour terminer, nous allons fabriquer un abécédaire. Et avant de nous quitter, nous allons prendre le temps d'échanger nos impressions sur les activités que nous viendrons de vivre ensemble et nous procéderons, comme à l'habitude, au prêt de livres.

Pourquoi ?

Plusieurs chercheurs estiment que, pour aider efficacement les enfants dans l'apprentissage de l'écriture, il importe d'abord de leur donner le goût de communiquer un message à quelqu'un, ou encore, de partager un dessin qui raconte un événement ou une histoire, qu'il soit accompagné ou non d'écriture. L'important, c'est donc de créer le message et de vouloir le partager, de vouloir l'échanger. L'important, c'est d'avoir une intention, quelque chose à dire à quelqu'un. Au moment de leur entrée au premier cycle, malgré leurs moyens limités, les enfants peuvent avoir plein de choses à communiquer. Alors, votre rôle comme parents sera de les aider à écrire des messages importants pour eux sans attendre et sans exiger que ces messages soient parfaitement tracés et sans faute. L'important, c'est donc de donner aux enfants le goût d'écrire et de leur faire sentir qu'ils ont des choses importantes à dire, qu'ils ont de bonnes idées pour inventer des histoires et qu'ils ont déjà des compétences pour le faire.

Rappelez aux parents qu'ils peuvent favoriser l'apprentissage de l'écriture chez leurs enfants :

- en stimulant d'abord chez eux le goût de communiquer un message ;
- en leur présentant des défis ;
- en développant chez eux le goût d'échanger, de partager ;
- en n'accordant pas, au départ, trop d'importance à la forme du message (calligraphie, orthographe), en s'intéressant davantage à ce qu'il veut dire.

Établissez un parallèle avec le développement du langage oral.

On peut comparer le développement de l'habileté à parler ou à communiquer verbalement avec celui de l'habileté à écrire. Lorsque votre enfant a exprimé ses premiers mots, il s'agissait souvent d'approximations de mots, le langage utilisé n'était pas parfait. Mais vous avez tout de même donné un sens à ces approximations, vous avez posé des questions pour trouver ce sens.

Progressivement, vos enfants ont appris à prononcer plus clairement les mots, à produire des phrases plus longues et plus complètes, et ce, grâce aux modèles que vous leur avez donnés. Vous n'avez pas hésité à leur montrer comment faire, comment s'exprimer. Il en va de même pour l'écriture, il faut montrer comment faire et ne pas exiger que l'enfant maîtrise tout du premier coup, dès ses premiers essais.

Au début, on écrira pour l'enfant le mot ou le message qu'on aura construit avec lui. Progressivement, l'enfant prendra une part plus active, au fur et à mesure que son habileté d'écriture se développera. On profitera de toutes les occasions qui se présentent pour écrire devant lui (liste d'épicerie, message pour papa, carte d'anniversaire, liste de choses à faire, etc.). De cette manière, il découvrira l'utilité de l'écriture, comment on se prépare à écrire, comment on réfléchit pour écrire, comment on révise et améliore son travail.

3.3   Discussion sur l'apprentissage de l'écriture

Amenez les parents à évoquer rapidement leurs souvenirs concernant leur apprentissage de l'écriture. Quelles ont été leurs premières expériences d'écriture ? Était-ce facile, difficile, agréable d'apprendre à écrire ? Demandez-leur d'expliquer pourquoi. Soulignons que ces expériences vécues par les parents seront abordées de nouveau à l'atelier 6. Il pourrait être utile de conserver quelques notes à ce sujet.

L'écriture est, selon plusieurs, l'habileté la plus difficile à maîtriser. Nous pouvons tous nous souvenir de moments où nous avons été confrontés à la page blanche, et cela, même si nous savions calligraphier, c'est-à-dire tracer les lettres de l'alphabet et si nous connaissions l'orthographe de plusieurs mots. Bref, nous savons tous qu'écrire c'est difficile. Mais ce qui est étonnant, c'est que la plupart des enfants tentent d'écrire bien avant d'essayer de lire. Leurs nombreux gribouillis témoignent d'ailleurs de leur désir de laisser des traces, de s'exprimer avec un crayon.

3.4 Présentation aux parents de trois jeux à faire avec les lettres

Aujourd'hui, nous allons faire une première activité d'écriture. Nous allons inviter les enfants à choisir des mots qui sont importants pour eux. Cette petite banque de mots pourra être utilisée au cours des prochains ateliers, où nous apprendrons à créer une histoire et aussi à écrire des messages à l'enfant à l'intérieur d'un journal personnel.

L'apprentissage des lettres, qui consiste à apprendre le nom des lettres, à apprendre à les reconnaître, à réciter l'alphabet, à utiliser les lettres pour former les mots, requiert de la pratique et de la répétition. Aussi, pour garder les enfants motivés et les encourager à faire les efforts qu'il faut, nous allons travailler avec eux en faisant des jeux.

Ces différentes activités vont permettre aux enfants de se construire des références personnelles. Le fait d'avoir construit leurs outils eux-mêmes va leur permettre de s'y retrouver plus facilement lorsqu'ils en auront besoin et qu'ils voudront les utiliser.

Maintenant, avant d'aller chercher les enfants, je vais vous présenter les trois activités que nous allons vivre avec eux. De cette manière, lorsqu'ils vont arriver, nous pourrons tout de suite commencer à travailler.

La boîte de mots personnels

Vous allez d'abord écrire avec votre enfant, sur de petites fiches, des mots qui sont importants pour lui, par exemple le nom d'un ami, de son animal, celui de son ourson en peluche, un mot qu'il aime ou encore qu'il trouve beau.

Ensuite, vous allez choisir, dans le livre que vous avez lu cette semaine, des mots qu'il souhaite conserver. Vous placerez avec lui les mots qu'il a choisis dans la petite boîte que je vous remets. Je vous invite à compléter, pendant la semaine, cette petite banque de mots qui deviendra une référence que votre enfant pourra utiliser pour écrire des messages ou des histoires.

Jouer avec les lettres

Au cours de la deuxième activité, je vais vous inviter à jouer avec les lettres. Plusieurs jeux sont possibles ; au fond, ce qui importe, c'est de les varier et de les faire dans un contexte de plaisir.

1. Vous pouvez placer les lettres de carton dans un chapeau ; vous en pigez une et vous la nommez, ensuite vous invitez votre enfant à faire de même. Il serait préférable de poser la lettre sur la table devant vous, parce que certaines lettres se ressemblent (b, p, q, d / u, n) et il sera difficile pour votre enfant de les reconnaître si elles ne sont pas situées dans un espace.

2. Vous pigez une lettre, mais, cette fois, vous nommez celle qui vient juste avant ou celle qui vient juste après, ou encore celles qui viennent avant et après. Vous invitez votre enfant à faire de même. Au début, l'enfant devra réciter l'alphabet pour réussir à réaliser cette tâche, vous pouvez alors le réciter avec lui.

3. Vous pigez une lettre et, après l'avoir nommée, vous tentez de trouver un mot qui commence par cette lettre. Vous invitez votre enfant à faire de même.

4. Vous pigez des lettres que vous placez au fur et à mesure selon l'ordre alphabétique, ensuite vous récitez l'alphabet ensemble, ou tour à tour. Vous pouvez aussi enlever une lettre de la suite et demander à l'enfant de trouver la lettre manquante ; là encore, il devra réciter l'alphabet pour trouver la lettre.

5. Vous pouvez également vous amuser à former des mots avec les lettres de carton pour ensuite les transcrire sur des fiches et les conserver dans la boîte de mots personnels.

L'abécédaire

Au cours de la troisième activité, je vais vous inviter à fabriquer un abécédaire avec votre enfant (fiche 3B, page 33). Comme vous pouvez le constater, un abécédaire présente toutes les lettres de l'alphabet. Ainsi, sur chaque page, on trouve la lettre-vedette écrite en majuscules et en minuscules et on trouve des mots qui commencent par cette lettre.

Ces mots sont illustrés par des photographies ou des illustrations découpées dans des journaux, des feuillets publicitaires ou des revues. On peut aussi dessiner le mot. Chaque illustration est à son tour identifiée : le mot qui la représente est écrit en dessous. Pour réaliser cette activité, nous aurons donc besoin d'un cahier, de revues, de magazines, de dépliants publicitaires, de ciseaux, de colle et de crayons de couleur.

FICHE
3B

L'abécédaire

A a

araignée

B b

baleine

C c

crocodile

D d

dinosaure

Consignes

- Dans un abécédaire, chaque lettre de l'alphabet est inscrite sur une page.
- L'enfant écrit la lettre (minuscule et majuscule) dans le haut de la page.
- Avec l'aide du parent, l'enfant doit trouver, dans des revues, catalogues, dépliants publicitaires, etc., un ou des objets dont le nom débute par la lettre inscrite sur la page.
- L'enfant découpe le ou les objets et les colle sur la page appropriée.
- Avec l'aide du parent, l'enfant écrit le nom de l'objet sous l'image.
- Si l'enfant ne trouve pas d'image représentant un objet dont le nom débute par la lettre étudiée, il peut faire des dessins.

Atelier 3 **33**

3.5 Expérimentation des jeux avec les enfants

Présentez aux enfants chacune des activités (Quoi? Comment? Pourquoi?). Au cours des activités, encouragez les participants et soutenez-les au besoin. Effectuez un bref retour après chaque activité en invitant alors les enfants à présenter une réalisation et à exprimer leur degré de satisfaction.

3.6 Retour sur l'atelier et planification

Animez une séance plénière, au cours de laquelle vous ferez un retour sur l'ensemble des activités de l'atelier.

- Comment se sont déroulées les activités?
- Quelles difficultés ont été observées?
- Comment ces difficultés ont-elles été surmontées?
- Y a-t-il des interrogations?
- Ces activités sont-elles réalisables à la maison?
- Quand et comment pourraient-elles être effectuées?

Il importe que vous encouragiez les parents à poursuivre la fabrication de l'abécédaire, à faire avec les enfants quelques jeux avec les lettres et à compléter la boîte de mots personnels (cinq mots par semaine).

Vous annoncez ensuite le thème du prochain atelier : « La lecture et l'écriture dans la vie de tous les jours ». Invitez les participants à apporter de la maison des échantillons de ce qu'ils ont lu ou écrit pendant la semaine (carte d'anniversaire, dépliant, facture, horaire de télévision, etc.). Demandez-leur également d'apporter la boîte de mots personnels pour ce même atelier.

Remettez aux parents les fiches 3A (page 32) et 3B (page 33). Occupez-vous ensuite du prêt de livres. Assurez-vous que les parents rapportent le livre qu'ils ont emprunté à l'atelier précédent.

Jouer avec les lettres

- Piger une lettre et la nommer.

- Placer les lettres selon l'ordre alphabétique et réciter l'alphabet.

- Piger une lettre et nommer la lettre qui vient avant et après celle-ci.

- Piger une lettre et, après l'avoir nommée, tenter de nommer un mot commençant par celle-ci.

- S'amuser à former des mots et à les transcrire (sur un tableau noir, dans un carnet, sur une fiche, sur une étiquette, etc.).

L'abécédaire

A a

araignée

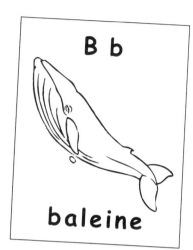

B b

baleine

C c

crocodile

D d

dinosaure

Consignes

- Dans un abécédaire, chaque lettre de l'alphabet est inscrite sur une page.

- L'enfant écrit la lettre (minuscule et majuscule) dans le haut de la page.

- Avec l'aide du parent, l'enfant doit trouver, dans des revues, catalogues, dépliants publicitaires, etc., un ou des objets dont le nom débute par la lettre inscrite sur la page.

- L'enfant découpe le ou les objets et les colle sur la page appropriée.

- Avec l'aide du parent, l'enfant écrit le nom de l'objet sous l'image.

- Si l'enfant ne trouve pas d'image représentant un objet dont le nom débute par la lettre étudiée, il peut faire des dessins.

Grille de lettres

Pour la photocopie des lettres à remettre aux parents, nous suggérons :

Minuscules

26 lettres de l'alphabet

Surplus : 2 × (**a, l, m, n, o, p, r, s, t, u**)
 3 × **e**
 3 × **i**

Majuscules

26 lettres de l'alphabet

Surplus : 2 × (**B, C, D, L, M, P, R, S, T**)

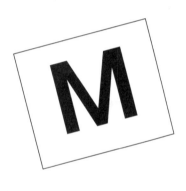

a	b	c	d
e	f	g	h
i	j	k	l
m	n	o	p
q	r	s	t
u	v	w	x
y	z		

A	B	C	D
E	F	G	H
I	J	K	L
M	N	O	P
Q	R	S	T
U	V	W	X
Y	Z		

La lecture et l'écriture dans la vie de tous les jours

Survol de l'atelier

Déroulement

4.1 Mot d'accueil et retour sur les activités réalisées à la maison

4.2 Présentation de l'atelier

4.3 Variété du matériel écrit présent à la maison

4.4 Discussion sur l'importance des pratiques d'écriture et de lecture fonctionnelles

4.5 Activité-vedette : « Écrire une histoire dictée par l'enfant »

Arrivée des enfants

Départ des enfants

4.6 Retour sur l'atelier et planification

Matériel nécessaire

- Sac rempli d'objets sur lesquels on trouve des mots
- « Occasions de lire et d'écrire à la maison » (annexe 4A, page 49)
- Thèmes d'histoires (annexe 4B, page 50)
- Boîte de livres de bibliothèque
- « Survol de l'atelier »
- Banque de mots personnels (apportée par les enfants)

À distribuer aux participants

- Feuilles agrafées (4 ou 5) pour écrire l'histoire (prévoir des cahiers supplémentaires)
- « Être un modèle pour son enfant » (fiche 4A, page 45)
- « Activités à réaliser dans les situations de la vie quotidienne » (fiche 4B, page 46)
- « Écrire une histoire dictée par son enfant » (fiche 4C, page 47)
- « La marmite de l'histoire » (fiche 4D, page 48)

4.1 Mot d'accueil et retour sur les activités réalisées à la maison

Souhaitez la bienvenue aux participants. Invitez-les ensuite à partager leurs expériences et à proposer des solutions aux problèmes qui sont soulevés.

- Avez-vous vécu des activités de lecture et d'écriture avec votre enfant ?
- Comment cela s'est-il passé ?
- Votre enfant s'est-il impliqué ?
- Semblait-il apprécier ces activités ?
- A-t-il éprouvé des difficultés ?
- Avez-vous eu de la difficulté à insérer ces activités dans l'horaire de la famille ?
- Comment avez-vous aménagé les choses ?
- Avez-vous des questions concernant certaines de ces activités ?

4.2 Présentation de l'atelier

Quoi ? Comment ?

Nous réfléchissons aujourd'hui sur la variété du matériel écrit que l'on trouve quotidiennement à la maison. Nous verrons comment il peut être utile aux enfants d'utiliser ce matériel, autrement dit ce qu'il leur permet d'apprendre.

Je vais ensuite vous présenter l'activité-vedette : « Écrire une histoire dictée par l'enfant ». Nous irons chercher les enfants pour vivre l'activité et, avant de nous quitter, nous allons échanger sur les activités que nous viendrons de vivre et nous allons planifier notre prochaine rencontre.

Pourquoi ?

Les échanges, les discussions et l'activité que nous allons vivre vont nous permettre de constater combien il est important et utile, lorsqu'on veut favoriser le développement d'une habileté chez les enfants, de profiter des occasions qui nous fournissent de vrais buts, de vrais défis. Autrement dit, nous allons voir combien il est important d'utiliser de vraies raisons de lire et de vraies raisons d'écrire, soit : pour le plaisir (lire ou écrire une histoire), pour mieux s'organiser (écrire une liste de choses à faire ou encore la liste d'épicerie) ou encore pour mieux s'informer (consulter les circulaires pour profiter des rabais) ou pour communiquer avec les autres (laisser un message sur la table).

4.3 Variété du matériel écrit présent à la maison

Demandez aux parents de se grouper en équipes de deux ou trois personnes et de dresser la liste (avec le matériel qu'ils ont apporté) de tous les écrits qu'ils peuvent lire à la maison (circulaires, factures, etc.) et de toutes les occasions qu'ils ont d'écrire (liste d'épicerie, coupon de participation, coupon-réponse à retourner à l'école, etc.). Effectuez un retour sur l'exercice et complétez la liste, s'il y a lieu, en vous référant à l'annexe 4A (page 49).

4.4 Discussion sur l'importance des pratiques d'écriture et de lecture fonctionnelles

Engagez avec les parents une discussion sur l'importance de la lecture et de l'écriture dans la vie quotidienne et sur les moyens à utiliser pour amener les enfants à la découvrir.

Pourquoi est-ce si important de faire saisir aux enfants l'utilité du langage écrit ?

Il importe de faire saisir aux enfants l'utilité du langage écrit :

- pour accroître leur intérêt à l'égard de la lecture et de l'écriture ;
- pour stimuler leur désir d'apprendre à lire et à écrire ;
- pour leur donner des raisons d'acquérir ces habiletés.

Comment faire saisir aux enfants l'utilité du langage écrit ?

- Arrive-t-il à votre enfant de vous demander de lui lire quelque chose (livre, mot dans un catalogue, enseigne de magasin, menu au restaurant, etc.) ?
- Vous voit-il lire à la maison : journal, revue, livre, télé-horaire, etc. ?
- De quelle façon pouvez-vous montrer à l'enfant que vous lisez et écrivez et que ces activités sont utiles et intéressantes ?

Quelques activités de lecture et d'écriture fonctionnelles

> Comme nous venons de le voir, les occasions de lecture et d'écriture peuvent être très fréquentes à la maison. Il s'agit seulement de savoir les utiliser afin de multiplier les occasions d'apprentissage. Avec vos enfants, quelles expériences de lecture et d'écriture pourriez-vous faire à la maison ? Avez-vous des idées ?

Vous pouvez compléter la liste des idées émises par les parents au cours de cette partie d'atelier en vous référant à la fiche « Activités à réaliser dans les situations de la vie quotidienne » (fiche 4B, page 46).

À la suite de cette discussion, vous remettez aux parents la fiche « Être un modèle pour son enfant » (fiche 4A, page 45).

4.5 Activité-vedette : « Écrire une histoire dictée par l'enfant »

Afin de préparer la pratique des parents, expliquez d'abord l'utilité de cette activité pour l'apprentissage de l'écriture.

> Avant de savoir écrire de façon autonome, l'enfant peut écrire en collaboration avec le parent et profiter grandement de ces pratiques, car il est témoin et participant aux opérations que le parent fait d'une part pour choisir ce qu'il va dire (Qu'est-ce qu'on écrit ?) et d'autre part pour formuler et organiser son texte (Comment on écrit ?).
>
> Souvenez-vous : vous n'avez pas attendu que votre enfant sache faire des phrases complètes avant de commencer à lui parler. De la même façon, nous vous encourageons fortement à écrire avec lui, avant qu'il puisse le faire de façon autonome.
>
> C'est le but que poursuit l'activité d'aujourd'hui. Je vais maintenant remettre à chaque participant un livret dans lequel il écrira l'histoire dictée par son enfant. (Montrez aux parents, en le commentant sommairement, un livret déjà complété).
>
> Avant d'aller chercher les enfants, je désire vous présenter le déroulement que j'ai prévu pour l'activité. Mais d'abord, je tiens à vous rassurer : personne d'autre que vous n'aura à lire ce livret, alors ne faites pas d'angoisse par rapport aux fautes d'orthographe. La langue française est l'une des plus difficiles à maîtriser, et de toute façon lorsqu'on écrit, on ne peut pas nécessairement tout gérer, tout contrôler en même temps. Alors, aujourd'hui, place au plaisir, car notre intention, c'est d'inventer une histoire et non pas de faire un produit parfait et sans faute. Est-ce que cela vous convient ?

Déroulement de l'activité

Je vais d'abord apprendre à vos enfants une recette pour fabriquer une histoire. Ensuite, je vous présenterai quatre débuts d'histoires. Vous en choisirez une à compléter. Vous discuterez quelques minutes pour choisir les personnages.

Votre rôle dans l'activité est très important. Voici quelques conseils.

- *Ne vous mettez pas trop rapidement à l'écriture proprement dite de l'histoire. Il faut d'abord se donner le temps de planifier, il faut laisser un peu mijoter les idées.*

- *Redites à voix haute la suggestion de votre enfant avant de l'écrire et vérifiez s'il est d'accord avec la formulation.*

- *N'écrivez pas tout ce que l'enfant dit ; parfois, on peut résumer, améliorer la forme. L'enfant découvrira ainsi que la langue se transforme à l'écrit (on n'écrit pas nécessairement comme on parle).*

- *Relisez très souvent ce que vous avez déjà écrit. C'est la seule façon de poursuivre.*

- *Aidez votre enfant à organiser son histoire en le questionnant, en lui rappelant ce que vous avez déjà écrit, quels personnages sont déjà là, ce qu'il reste à faire.*

- *Utilisez au besoin les mots qui se trouvent dans la boîte de mots personnels.*

Ensuite, vérifiez si les participants ont des questions, s'ils se sentent prêts à exécuter la tâche. Offrez-leur de leur donner des exemples si les participants en sentent le besoin.

Préparation de la pratique des parents et des enfants

Présentez aux enfants la tâche à exécuter (Qu'est-ce qu'on fait ?), le déroulement de l'activité et le matériel qui sera utilisé (Comment on fait ?).

Racontez-leur l'histoire du *Petit Chaperon rouge* pour leur faire découvrir la « recette ». Interrogez les enfants qui connaissent l'histoire et donnez-leur la parole. Faites observer que dans cette histoire il y a un problème de taille et invitez les enfants à vous désigner ce problème (le loup mange le Petit Chaperon rouge). Ensuite, demandez-leur s'il y a une solution à ce problème (le bûcheron sauve le Petit Chaperon rouge).

Interrogez les enfants de manière à leur faire découvrir les rôles joués par les différents personnages.

- Comment est le loup? Que fait-il dans cette histoire? (C'est le méchant.)
- Qu'arrive-t-il au Petit Chaperon rouge? (On dira qu'il est la victime.)
- Que fait le bûcheron? (C'est le sauveteur.)
- Que font la mère et la grand-mère? (Ce sont des alliées ou des amies du Petit Chaperon rouge.)

Indiquez ensuite aux enfants qu'aujourd'hui ils auront à écrire une histoire avec leurs parents en suivant une recette.

Pour faire une histoire, direz-vous, il faut des personnages qui jouent des rôles différents autour d'un problème. Présentez ensuite l'illustration de la « marmite » de l'histoire et de sa recette (fiche 4D, page 48, que vous aurez agrandie pour en faire une affiche). Bref, amenez les enfants à découvrir la recette en les questionnant sur l'histoire du *Petit Chaperon rouge*.

Proposez ensuite quatre débuts d'histoires (annexe 4B, page 50). Invitez les participants à choisir une situation, puis à s'engager dans la planification et l'écriture de l'histoire en se servant du livret que vous leur avez remis. Suggérez aux participants d'utiliser la boîte de mots personnels. Les enfants, qui sont invités à illustrer l'histoire, n'auront pas le temps de tout illustrer durant l'atelier. Ils pourront poursuivre à la maison. Les dessins des enfants peuvent d'ailleurs faire émerger de nouvelles idées.

Soutien de la pratique d'écriture

Pendant que les dyades parent–enfant s'activent à la tâche, circulez entre les équipes, exprimez des encouragements, fournissez des explications supplémentaires, montrez comment faire, répondez aux questions, etc.

Retour sur la pratique

Si le temps le permet, invitez quelques équipes à présenter leur histoire aux autres.

Les parents sont invités à terminer le livre à la maison et à l'apporter au prochain atelier afin de le présenter au groupe.

4.6   Retour sur l'atelier et planification

Invitez les participants à échanger leurs impressions sur l'atelier qu'ils viennent de vivre.

- Comment vous sentez-vous par rapport aux activités que je viens de vous proposer?
- Pensez-vous qu'elles pourront s'intégrer facilement dans votre vie de tous les jours? Pourquoi?
- Pensez-vous que cela va exiger beaucoup de temps?
- Quels moyens pourrait-on se donner pour s'aider à mettre en place ces activités et à ne pas les oublier?

Renvoyez les parents à la fiche synthèse où l'on recommande de réaliser avec l'enfant des activités de lecture dans des situations de la vie quotidienne, ainsi que des activités d'écriture partagée (fiche 4B, page 46).

Remettez maintenant aux parents les fiches « Écrire une histoire dictée par son enfant » (fiche 4C, page 47) et « La marmite de l'histoire » (fiche 4D, page 48). Suggérez-leur de faire au moins trois fois, durant l'année, l'écriture d'une histoire dictée par leur enfant.

L'atelier tire à sa fin: les parents remettent le livre de la semaine précédente et en empruntent un nouveau avant de quitter.

Être un modèle pour son enfant

- Planifiez régulièrement, pour vous et votre enfant, des activités qui impliquent la lecture, l'écriture et des échanges.

- Lisez devant l'enfant en lui disant pourquoi il est utile de lire et ce que vous apprenez en lisant (lire un journal, une circulaire, une lettre, une carte routière, un dépliant publicitaire, une annonce, l'étiquette d'un vêtement, la posologie d'un médicament, les mises en garde concernant un produit nettoyant, les étiquettes sur les boîtes de nourriture, etc.).

- Assurez-vous que l'enfant voie que vous lisez et que vous trouvez cela agréable. Racontez-lui ce que vous avez appris en lisant. Par exemple, si l'enfant s'approche de vous quand vous lisez une revue ou un journal, attirez son attention, faites-lui un câlin, assoyez-le sur vos genoux et lisez-lui un passage intéressant en suivant du doigt, montrez-lui une image ou un message publicitaire, discutez de l'événement dont il est question dans votre lecture, expliquez-lui ce que vous comprenez, pourquoi l'information est importante, etc.

- Écrivez des notes (aide-mémoire) pour vous devant l'enfant (écrivez les dates d'anniversaire sur le calendrier ; inscrivez les rendez-vous sur le calendrier ou dans votre agenda ; collez, sur le frigo, la liste d'épicerie ou celle des courses à faire ; placez, près du téléphone, la liste des numéros importants ainsi qu'un bloc-notes et un crayon pour prendre les messages ; etc.).

- Parlez tout haut lorsque vous écrivez devant l'enfant, faites ressortir les raisons pour lesquelles vous le faites, montrez comment vous vous organisez (« Je suis en train de faire la liste des produits à acheter à l'épicerie pour ne rien oublier. Y a-t-il quelque chose que tu aimerais que j'écrive ? »).

- Écrivez de petites notes à l'enfant (messages téléphoniques, messages pour lui dire que vous l'aimez, etc.).

Activités à réaliser dans les situations de la vie quotidienne

- Lire ou faire lire à l'enfant les inscriptions de mots qui se trouvent dans son environnement (nom des magasins ou des services, nom des rues, des parcs, de l'école).

- Au cours des sorties avec l'enfant, le sensibiliser à la présence du langage écrit au restaurant (menu), à l'épicerie (emballages, réclames, produits à l'étalage), au coin de la rue (nom des rues).

- Lire et écrire une carte d'anniversaire, une carte d'invitation ou une lettre.

- Lire et écrire un aide-mémoire ou des messages sur le réfrigérateur, sur un tableau ou une ardoise.

- Lire et écrire une petite note à papa, à maman ou à un autre membre de la famille.

- Lire une recette, participer à sa transcription et à sa réalisation.

- Lire le mode d'emploi sur une boîte de conserve et préparer le contenu avec l'enfant.

- Chercher avec l'enfant un numéro de téléphone dans l'annuaire téléphonique.

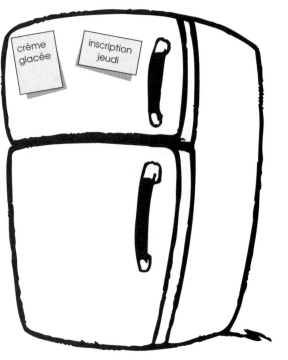

- Consulter avec lui le télé-horaire.

- Lire et écrire la liste d'épicerie, celles des courses à faire, des travaux à exécuter à la maison.

- À l'épicerie ou au magasin, aider l'enfant à trouver des articles écrits sur sa liste.

- Remplir avec l'enfant des bulletins de participation à des concours, des cartes d'abonnement.

Écrire une histoire dictée par son enfant

Au début de l'apprentissage de l'écriture, il est très utile pour votre enfant que vous réalisiez ce type d'activité avec lui. Nous vous suggérons de la faire au moins trois fois en cours d'année. C'est une activité simple et agréable pour les deux !

Consignes

- Le parent écrit, dans un petit livre, l'histoire que lui dicte l'enfant.

- Ensuite, l'enfant est invité à illustrer son histoire.

- Encourager l'enfant à lire son histoire à un ami, à un parent, à un grand-parent, à un frère, à une sœur, etc.

La marmite
de l'histoire

Voici la recette pour écrire une histoire.

Choisir ou désigner les personnages

- Le méchant
- La victime
- Le sauveteur
- Les alliés

Définir le problème

- Que fait le méchant à la victime ?
- Pourquoi ?
- Comment procède-t-il ?

Inventer une solution

- Qui prévient le sauveteur ?
- Que fait le sauveteur pour sauver la victime ?
- Qu'arrive-t-il ensuite à la victime ?
- Qu'arrive-t-il ensuite au méchant ?

Occasions de lire et d'écrire à la maison

Occasions de lire

- Circulaires, revues, journaux
- Indications sur une carte routière
- Recettes de cuisine
- Modes d'emploi
- Règlements d'un jeu de société
- Télé-horaire
- Feuilles d'information provenant de l'école
- Annuaire téléphonique
- Lettres d'un parent ou d'un ami
- Cartes d'anniversaire et cartes de Noël

Occasions d'écrire

- Coupon-réponse à retourner à l'école
- Coupon de participation à un concours
- Agenda
- Formulaire à remplir
- Mémo pour ne pas oublier les choses importantes
- Carte d'anniversaire pour papa ou maman
- Lettre à un ami
- Obligations de la vie courante : comptes, chèques, assurances, etc.
- Message (par exemple, note à papa pour dire que nous sommes partis au parc)

Une histoire inventée

Le dragon et la princesse
Un jour, un méchant dragon décide d'enlever
la princesse Lili. Il la capture dans la forêt
au moment où elle cueille des fleurs. Riki,
le petit oiseau de la princesse, a tout vu. Il…

Un drôle de petit fantôme
C'est bientôt l'Halloween et la méchante sorcière
a décidé de gâcher la fête. Casper, le gentil
fantôme, entend la sorcière raconter ses projets.
Il veut lui donner une bonne leçon…

Le petit panda

Le petit panda vient de naître. Le méchant chasseur
le surveille de près. Il veut le capturer pour le vendre.
Heureusement, Martin et Julie, qui se sont faits les
protecteurs des animaux, pourront l'en empêcher…

Le professeur Mauvais-Œil est de retour
Le professeur Mauvais Œil essaie de fabriquer
une potion pour contrôler le monde.
Heureusement, il ne pourra pas mettre
son projet à exécution, grâce au courage
des intrépides…

Écouter lire son enfant

Survol de l'atelier

Déroulement

5.1 Mot d'accueil et retour sur les activités réalisées à la maison

5.2 Présentation de l'atelier

5.3 Discussion sur ce qu'est la lecture

5.4 Présentation de livres pour débutants

5.5 Démonstration d'une lecture partagée

Arrivée des enfants

5.6 Pratique de lecture partagée

Départ des enfants

5.7 Retour sur l'atelier et planification

Matériel nécessaire

- Livre à utiliser pour la démonstration d'une lecture partagée
- Livres à emprunter
- « Survol de l'atelier »
- Affiche concernant les stratégies de lecture (fiche 5A, page 57, agrandie)

À distribuer aux participants

- « Stratégies de lecture » (fiche 5A, page 57)
- « Exemple de liste de livres à emprunter » (annexe 5A, page 58)

5.1 Mot d'accueil et retour sur les activités réalisées à la maison

Souhaitez la bienvenue aux participants. Invitez les parents à s'exprimer sur leurs expériences de la semaine, puis annoncez-leur que les enfants auront à présenter eux-mêmes l'histoire écrite en duo.

- Avez-vous terminé l'histoire dictée par votre enfant?
- Quelles activités de lecture avez-vous vécues avec votre enfant?
- Quelle histoire a-t-il préférée parmi celles que vous lui avez lues?
- Avez-vous réalisé de courtes activités utilisant des situations de la vie quotidienne telles que la rédaction de la liste d'épicerie, l'écriture d'un message à poser sur le frigo, la consultation du télé-horaire, etc.?
- Comment cela s'est-il passé?
- Votre enfant s'est-il impliqué?
- Semblait-il apprécier ces activités? A-t-il éprouvé des difficultés?
- Avez-vous eu de la difficulté à insérer ces activités dans l'horaire de la famille?
- Avez-vous des questions concernant certaines de ces activités?

5.2 Présentation de l'atelier

Quoi? Comment?

Aujourd'hui, nous allons nous intéresser à l'apprentissage de la lecture. D'abord, nous allons tâcher de définir l'habileté à lire (Qu'est-ce que lire?). Nous verrons aussi comment la définition de cette habileté a pu changer avec le temps. Ensuite, nous préciserons les stratégies qu'utilise le lecteur pour comprendre ce qu'il lit et ce qu'il fait pour résoudre les difficultés auxquelles il fait face.

Nous verrons aussi ce qu'est une lecture partagée, puis je vous en ferai une démonstration. Nous en discuterons avant que vous vous exerciez à utiliser les stratégies observées. Puis nous irons chercher les enfants et vous ferez, à votre tour, une lecture partagée; au besoin, je vous donnerai un petit coup de pouce. Pour conclure, nous échangerons nos impressions sur votre pratique et nous pourrons planifier les activités à réaliser cette semaine à la maison.

Pourquoi ?

Il est important de savoir comment on conçoit aujourd'hui l'habileté à lire, comment les enfants apprennent et ce que l'on peut faire pour les soutenir tout en leur proposant des défis raisonnables.

Plusieurs parents trouvent difficile de soutenir leur enfant comme lecteur débutant : ils se demandent ce qu'il faut faire pour l'aider, car bien souvent ils constatent que l'enfant ne procède pas tout à fait comme eux le feraient à sa place. Ils ne savent pas à quoi s'attendre, ce qu'ils devraient exiger. Il arrive aussi que l'enfant dise clairement : « Non ce n'est pas comme cela qu'il faut faire ! »

5.3   Discussion sur ce qu'est la lecture

Demandez aux parents de définir l'habileté à lire. Notez les réponses des participants et utilisez-les pour démontrer l'évolution de la définition de l'habileté à lire.

- Qu'est-ce que lire ?
- Savez-vous comment votre enfant s'y prend pour lire ?
- Comment avez-vous appris à lire ?

Conceptions anciennes de la lecture

Pendant longtemps, on a cru que la lecture était une activité qui consistait à reconnaître des lettres et à y faire correspondre des sons. On estimait que pour lire il fallait essentiellement décoder et que la compréhension se produisait en additionnant des sons pour faire des mots et en additionnant des mots pour faire des phrases.

Conception actuelle de la lecture

On sait maintenant que pour devenir un bon lecteur, l'enfant doit apprendre à utiliser plusieurs stratégies qui l'aideront à identifier les mots écrits. Les principales stratégies utilisées sont les suivantes :

- la reconnaissance globale de mots : l'élève reconnaît un mot à partir d'un minimum d'indices graphiques parce qu'il l'a mémorisé, parce que le mot revient souvent dans le texte ;
- le recours à l'illustration : l'élève se réfère à une illustration pour reconnaître un mot ;
- l'utilisation du contexte (ce qui vient avant et après le mot) : l'élève utilise le contexte pour découvrir le mot. Il lit le début de la phrase et s'arrête pour formuler une hypothèse en tenant compte du sens ;
- l'analyse du mot (décodage) : l'élève se sert de sa connaissance des lettres et des syllabes pour lire un mot nouveau.

En situation de lecture, l'enfant doit comprendre la nécessité d'utiliser de façon conjointe toutes ces stratégies.

En début d'apprentissage (jusqu'en novembre), l'enseignante ou l'enseignant de votre enfant nomme la stratégie, et lui montre quand et comment l'utiliser ; l'enfant doit l'appliquer. À la fin de la première année, ces stratégies devraient devenir des automatismes. (Remettez aux parents la fiche 5A « Stratégies de lecture », page 57).) Des recherches et la pratique des enseignants ont montré que la compréhension en lecture n'est pas automatique, car des élèves peuvent lire correctement à voix haute sans pour autant comprendre ce qu'ils lisent. Voici des exemples de ce que fait le lecteur pour comprendre un texte :

- il se sert du contexte et de ses connaissances antérieures (sujet et langue), ce qui l'amène à avoir des attentes par rapport au contenu du texte à lire ;
- il fait des prédictions, des hypothèses et les vérifie ;
- il établit des liens entre l'information communiquée et ce qu'il connaît déjà.

5.4 Présentation de livres pour débutants

Présentez maintenant au groupe un ensemble de livres qui circuleront dans la classe et que les enfants liront avec plus ou moins d'aide de la part des parents. Faites valoir l'intérêt de ces livres. Puis, faites observer aux parents les différents niveaux de difficulté en soulignant :

- le soutien offert par les illustrations ;
- la structure du texte (problème et solution) ;
- la structure des phrases (éléments qui se répètent) ;
- la longueur des phrases.

Remettez aux parents une liste de ces livres (exemple de liste : annexe 5A, page 58).

5.5 Démonstration d'une lecture partagée

Présentation de l'activité

Lors d'une activité de lecture partagée, le parent prépare la lecture, puis il lit le livre en laissant l'enfant lire des mots, des bouts de phrases (répétitives). Plus l'enfant développe sa compétence, plus le parent se retire pour lui laisser de la place (lecture du texte à tour de rôle : phrase par phrase, paragraphe par paragraphe, page par page). Toutefois, il importe de :

- discuter de l'histoire, tout au long de la lecture ;
- miser sur la compréhension (questions, commentaires, explications, etc.).

Plus le livre est difficile, plus le parent devrait s'impliquer dans la lecture.

Démonstration par un exemple de lecture partagée

Invitez un enfant à vous rejoindre (avec entente préalable avec le parent et l'enseignante ou l'enseignant) et faites-lui vivre l'activité devant les parents. Animez celle-ci en ayant soin de fournir à l'enfant le soutien, les rétroactions et les encouragements nécessaires. De plus, au cours de la lecture et à la fin, discutez de l'histoire avec l'enfant. Vous pouvez aussi utiliser une vidéocassette présentant une telle démonstration avec un élève.

Retour sur la démonstration

Avez-vous remarqué les interventions que j'ai effectuées avant la lecture? (Présenter le livre, lire le titre, les noms de l'auteur et de l'illustrateur, faire faire des prédictions.) Avez-vous pu observer aussi ce que j'ai fait pendant la lecture?

5.6 Pratique de lecture partagée

Invitez les enfants à rejoindre leurs parents, puis présentez-leur le déroulement de l'activité. Ensuite, invitez chaque équipe parent-enfant à procéder à une lecture partagée. Avant le départ des enfants, animez un bref échange au cours duquel vous donnerez la parole à ceux-ci pour mesurer leur niveau de satisfaction et les apprentissages réalisés.

5.7 Retour sur l'atelier et planification

Invitez les participants à échanger sur l'atelier qu'ils viennent de vivre.

Ensuite, vous pourrez annoncer le prochain atelier. Puis, vous vous occupez du prêt de livres.

- Comment vous sentez-vous face à l'activité que nous venons de vous proposer?
- Quelles difficultés avez-vous rencontrées?
- Qu'avez-vous observé?
- Pensez-vous que cette activité pourra s'intégrer facilement dans votre vie de tous les jours?
- Vous sentez-vous rassurés par rapport aux capacités de vos enfants?

Stratégies de lecture

La plupart des parents ont appris que le décodage était la façon de lire un mot. Nous savons maintenant que les bons lecteurs utilisent plusieurs stratégies. Les voici.

Je regarde le mot, je le reconnais
L'élève reconnaît instantanément un mot parce qu'il l'a vu souvent (par exemple : son prénom, papa, maman, etc.).

Je regarde l'image
L'élève se sert de l'illustration d'un texte pour identifier un mot.

Je regarde les lettres
L'élève s'attache aux lettres qui composent un mot et tente de retrouver les sons qu'elles forment de manière à décoder ce mot (par exemple : ma/man).

Je regarde avant le mot et après le mot
L'élève se sert du contexte pour découvrir un mot. De cette manière, lorsqu'il rencontre un mot inconnu, il peut se servir des mots placés avant et après ce dernier pour le deviner. Toutefois, lorsqu'il utilise cette stratégie, il doit vérifier l'exactitude de sa prédiction à l'aide de la stratégie des lettres.

Exemple : « Mon père a pêché un gros _____ dans le lac près de chez moi. »

Dans l'exemple ci-dessus, l'enfant devine que le mot est poisson, mais il doit vérifier qu'il ne s'est pas trompé en regardant si la première lettre du mot est bien un *p* suivi des lettres *oi*. Si, par erreur, il avait cru que le mot était *saumon*, il aurait découvert sa méprise en s'apercevant que le mot du texte débutait non pas par un *s*, mais par un *p*.

Je regarde le petit mot dans le grand mot
L'élève reconnaît un mot connu au sein d'un mot plus long et se sert de cette connaissance pour lire le nouveau mot, par exemple : (fille)tte.

Exemple de liste de livres à emprunter

ALTAN. *Petits points rouges,* coll. Lutin poche, Paris, L'école des loisirs, 1998, 32 p.

BANYTON, Martin. *Pourquoi tu m'aimes ?,* Richmond, Scholastic, 1986, 28 p.

BEAUDOUT, Ghislaine et Claire FRANEK. *La nuit,* coll. Courant d'air, Paris, Casterman, 1997, 28 p.

BIELINSKY, Claudia. *Comment ça va ?,* Paris, Casterman, 1998, 42 p.

BRUNEL, Étienne. *Une baleine dans ma baignoire,* coll. Père castor, Paris, Flammarion, 1990, 22 p.

CORENTIN, Philippe. *Papa !,* coll. Lutin poche, Paris, L'école des loisirs, 1998, 28 p.

DALE, Penny. *Dix au lit,* coll. Castor poche, Paris, Flammarion, 1997, 32 p.

D'ALLANCÉ, Mireille. *Compte les moutons,* Paris, L'école des loisirs, 1998.

DIJS, Carla. *Es-tu ma maman ?,* Paris, Mango, 1998, 12 p.

DIJS, Carla. *Es-tu mon papa ?* Paris, Mango, 1998, 12 p.

EDWARDS, Frank et John BIANCHI. *Mélodie ne veut pas dormir,* coll. Les copains d'abord, Saint-Lambert, Héritage Jeunesse, 1994, 24 p.

GILMAN, Phœbe. *Un merveilleux petit rien,* Richmond, Scholastic, 1986, 28 p.

GUETTIER, Bénédicte. *Le bobo,* coll. Courant d'air, Paris, Casterman, 1997, 28 p.

JARRY, Marie-Hélène. *Les grandes menaces,* Saint-Hubert, Éditions du raton laveur, 1989, 22 p.

LEWISON, Wendy. *Bzzzz fait l'abeille,* Richmond, Scholastic, 1997, 30 p.

LOUPY, Isabelle et Christophe. *Si j'étais… un chat,* coll. La petite poule blanche, Toulouse, Milan, 1997, 18 p.

MAUBILLE, Jean. *Tu pars, Petit Loup ?,* coll. Pastel, Paris, L'école des loisirs, 1998, 26 p.

PONTI, Claude. *Le bébé bonbon,* coll. Lutin poche, Paris, L'école des loisirs, 1995, 18 p.

POWELL, Richard et Steve COX. *Qui se cache dans la ferme ?,* Paris, Bilboquet, 1996, 46 p.

POWELL, Richard et Steve COX. *Qui se cache dans la jungle ?,* Paris, Bilboquet, 1996, 46 p.

POWELL, Richard et Steve COX. *Qui se cache dans la mer ?,* Paris, Bilboquet, 1996, 46 p.

POWELL, Richard et Steve COX. *Qui se cache dans le jardin ?,* Paris, Bilboquet, 1996, 46 p.

TIBO, Gilles. *Simon et la ville de carton,* coll. La série Simon, Montréal, Les livres Toundra, 1992, 24 p.

ZIDROU et JADOUL, Émile. *Sous un caillou,* coll. Courant d'air, Paris, Casterman, 1998, 28 p.

ZUAZUA, Luis. *Pas facile d'être une souris,* coll. Giboulées, Paris, Gallimard Jeunesse, 1997, 26 p.

ATELIER 6

Jeux d'écriture

Déroulement

6.1 Mot d'accueil et retour sur les activités réalisées à la maison

6.2 Présentation de l'atelier

6.3 Discussion sur les expériences d'écriture des parents et sur l'apprentissage de l'écriture

6.4 Présentation sur ce qu'est l'écriture

6.5 Présentation d'activités d'écriture interactive

Arrivée des enfants

6.6 Activité-vedette : « Écrire un journal en duo »

Départ des enfants

6.7 Retour sur l'atelier et planification

Matériel nécessaire

* Modèle de journal en duo (si possible) ou exemple (annexe 6B, page 72)
* Livres à emprunter
* « Survol de l'atelier »
* « Qu'est-ce qu'écrire » (annexe 6A, page 71)
* Banque de mots personnels (apportée par les enfants)

À distribuer aux participants

* Livret (journal en duo)
* « Le plaisir d'écrire : quelques conseils » (fiche 6A, page 68)
* « Suggestions de jeux d'écriture » (fiche 6B, page 69)
* « Écriture d'un journal en duo » (fiche 6C, page 70)

6.1 Mot d'accueil et retour sur les activités réalisées à la maison

Souhaitez la bienvenue aux participants et invitez-les à s'exprimer sur leurs expériences de la semaine.

- *Quelles activités de lecture avez-vous vécues avec votre enfant?*
- *Avez-vous lu un ou plusieurs livres avec votre enfant? Lesquels?*
- *Comment cela s'est-il passé?*
- *Votre enfant s'est-il impliqué?*
- *Semblait-il éprouver des difficultés?*
- *Comment l'avez-vous aidé?*
- *Avez-vous eu de la difficulté à insérer cette activité dans l'horaire de la famille?*
- *Avez-vous des questions concernant cette activité ou d'autres activités?*

6.2 Présentation de l'atelier

Quoi? Comment?

Aujourd'hui, nous allons nous intéresser à l'apprentissage de l'écriture. Nous en avons parlé au troisième atelier, au moment où vous avez fait l'abécédaire et les jeux de lettres (invitez alors les participants à dire ce dont ils se souviennent). Nous allons poursuivre la réflexion en échangeant nos vues sur le soutien à accorder aux enfants.

Nous allons voir comment votre rôle pourra se modifier au fur et à mesure que leurs compétences grandiront. Je vais vous expliquer, avec un exemple à l'appui, comment écrire un journal en duo. Ensuite, vous vous exercerez à cette activité. Avant de nous quitter, nous allons évaluer notre travail et planifier notre prochaine rencontre.

Pourquoi?

Les échanges de vues, les discussions et l'activité que nous allons vivre vont vous permettre de constater combien il est important et utile, lorsque l'on veut favoriser le développement d'une habileté chez les enfants, de profiter des occasions qui fournissent de vraies raisons de lire et de vraies raisons d'écrire, soit pour le plaisir (lire ou écrire une histoire), soit pour mieux s'organiser (écrire une liste de choses à faire ou encore la liste d'épicerie), soit encore pour mieux communiquer avec les autres (laisser un message sur la table, écrire un journal en duo).

Comme nous en avons déjà parlé dans un autre atelier, la plupart des parents trouvent difficile de soutenir leur enfant qui apprend à écrire : ils se demandent ce qu'il faut faire pour l'aider, ils ne savent pas à quoi s'attendre, ce qu'ils devraient exiger...

L'apprentissage de l'écriture est l'un des apprentissages les plus difficiles à réaliser. Chez les francophones, on dit qu'il faut dix ans de scolarité pour y arriver... Il est donc important d'être au fait de ce que l'on peut demander en première année et de ce que l'on peut faire pour soutenir les enfants, tout en leur proposant des défis raisonnables et motivants. Le plus important est de leur faire découvrir l'utilité et les plaisirs de l'écriture. Dans cette optique, le journal en duo est donc une activité particulièrement signifiante, en ce sens qu'il offre quotidiennement de vraies raisons d'écrire.

6.3 Discussion sur les expériences d'écriture des parents et sur l'apprentissage de l'écriture

Expériences d'écriture des parents

Revenez sur les expériences vécues par les parents (partagées lors du troisième atelier) et invitez les participants, cette fois, à réfléchir sur le soutien à accorder à l'enfant et sur l'évolution de ce soutien.

Rôle des parents

Nous allons maintenant réfléchir sur votre rôle de soutien et sur les attitudes à adopter.

- Qu'est-ce que vous observez lorsque vous écrivez avec votre enfant ?
- Comment l'aidez-vous, quels sont vos trucs ?
- Que pensez-vous que votre enfant peut retirer de vos encouragements, de votre attitude positive à l'égard de ses expériences d'écriture ?
- Croyez-vous que cela peut avoir un effet sur son rendement à l'école ? Lequel ? Pourquoi ?
- Et sur le plan de votre relation avec lui, qu'est-ce que peut apporter le fait de prendre du temps pour réaliser des activités ensemble ?

Soulignez au groupe qu'il est important de valoriser les tentatives d'écriture des enfants, même lorsqu'ils font des erreurs, car la façon dont les parents répondent à ces essais a une influence notable sur le désir des enfants de poursuivre leur apprentissage de l'écriture et de risquer de nouvelles tentatives.

6.4   Présentation sur ce qu'est l'écriture

Présentez le tableau « Qu'est-ce qu'écrire ? » (annexe 6A, page 71) et commentez-le.

> Pendant longtemps, dans l'enseignement de l'écriture, on a mis l'accent sur l'habileté à tracer les lettres correctement (calligraphier) et à ne pas faire de faute (orthographier correctement).
>
> On s'intéressait alors peu au processus, c'est-à-dire à ce qui se passe dans la tête de la personne qui écrit, car on croyait que l'inspiration coulait de source, qu'elle venait naturellement au scripteur.
>
> Au cours des années 1980, la façon de voir change. On s'intéresse alors à toutes les opérations que doit faire la personne qui veut écrire :
>
> - Pour écrire, le scripteur doit d'abord choisir et organiser ses idées. Ce n'est qu'après avoir eu une idée claire de ce qu'il veut écrire qu'il peut s'intéresser à la forme du texte, c'est-à-dire à la façon dont il écrira. (Rappelez la démarche utilisée, lors d'un atelier précédent, pour écrire l'histoire en duo.)
> - Les jeunes enfants qui tentent de construire leur texte d'un seul jet, qui travaillent à la fois les idées et la forme, court-circuitent leur capacité de créer, d'inventer. Le fait d'accorder trop tôt de l'importance à la forme a pour effet d'empêcher le développement des idées et démotive celui qui essaie d'écrire.
> - On comprend maintenant qu'il ne suffit pas d'expliquer comment faire, il faut surtout *montrer comment faire*.

Faites un lien avec le développement des habiletés physiques : nécessité du modèle, de la pratique guidée et de pratiques autonomes dans des contextes variés.

> Poursuivez votre présentation sur l'acquisition des habiletés d'écriture, le développement de l'autonomie et la modification du rôle du parent. Expliquez aux parents qu'ils devront modifier leurs interventions au fur et à mesure que l'enfant développera ses habiletés de scripteur, ainsi que la nature de leur aide.

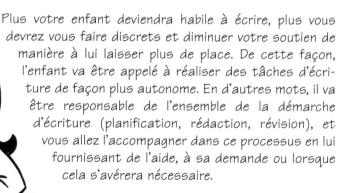

> Plus votre enfant deviendra habile à écrire, plus vous devrez vous faire discrets et diminuer votre soutien de manière à lui laisser plus de place. De cette façon, l'enfant va être appelé à réaliser des tâches d'écriture de façon plus autonome. En d'autres mots, il va être responsable de l'ensemble de la démarche d'écriture (planification, rédaction, révision), et vous allez l'accompagner dans ce processus en lui fournissant de l'aide, à sa demande ou lorsque cela s'avérera nécessaire.

Cette présentation se termine par une période au cours de laquelle les parents sont invités à poser des questions sur l'écriture et sur leur rôle. Puis vous présentez et remettez aux participants la fiche « Le plaisir d'écrire : quelques conseils » (fiche 6A, page 68).

6.5   Présentation d'activités d'écriture interactive

Les activités d'écriture interactive sont importantes. Les enfants ont besoin de soutien, de modèles, de pratiques guidées avant d'être en mesure d'écrire des textes de façon autonome. En effet, l'écriture constituant un processus complexe, les enfants ont quand même intérêt à écrire plusieurs textes avec l'aide d'un adulte, forcément plus expérimenté, afin d'acquérir les connaissances utiles à ce processus (structure du texte, grammaire, syntaxe, correspondances lettres-sons, calligraphie, orthographe, etc.). Ces pratiques répétées leur permettront d'acquérir des habiletés, des stratégies d'écriture qui, progressivement, les amèneront à devenir des scripteurs plus autonomes.

Remettez aux parents la fiche « Suggestions de jeux d'écriture » (fiche 6B, page 69) et lisez quelques-unes des suggestions avec les parents.

6.6   Activité-vedette : « Écrire un journal en duo »

Présentation de l'activité

Demandez d'abord aux enfants de définir ce qu'est un journal personnel. Ensuite, demandez aux parents s'ils en ont déjà écrit un. Invitez alors ceux qui l'ont fait à partager avec le groupe les bénéfices qu'ils en ont retirés.

Puis vous présentez aux participants un exemple d'écriture dans un journal en duo (voir annexe 6B, page 72).

Nous avons demandé à une mère (Natalie) et à son fils (Alexis) de nous donner leurs commentaires sur une activité de journal dialogué qu'ils ont vécue pendant deux mois. Voici les propos qu'ils ont tenus :

Alexis – Moi, j'ai aimé cela parce que moi et Natalie, on pouvait s'écrire. C'était comme notre petit journal secret parce que mes frères et ma sœur pouvaient pas regarder dedans.

C'était comme un livre de mémoire parce que des fois on se parle, on dit des choses, puis on oublie qu'on l'a dit. Tandis que quand on l'a écrit dedans, on peut le relire.

On s'écrivait des choses drôles, des blagues. On a ri beaucoup avec.

Quand on lit, cela nous aide à écrire, parce que quand on lit, on a comme les mots dans notre tête. On peut les écrire à la place de demander comment cela s'écrit.

Natalie – On a eu du plaisir à faire le journal en duo. Au départ, par exemple, ça n'a pas été évident de l'intégrer dans notre routine quotidienne. Cela a pris quand même une ou deux semaines avant qu'on y pense : souvent, on oubliait le journal. Alexis est habitué de m'écrire sur des petits papiers. Il continuait de m'écrire sur des petits papiers. On disait : « Ah ! Il faudrait l'écrire dans le journal, plutôt ! Mais, à un moment donné, on l'a laissé plus à la vue puis on a plus utilisé le journal.

On s'est écrit beaucoup de choses. D'abord, je pense que cela a permis de créer entre nous une autre sorte de connivence, de complicité. C'était notre petit journal secret ; les autres membres de la famille n'avaient pas le droit de le lire, à moins qu'Alexis décide de le faire lire.

Je me rends compte, aussi, qu'il y a bien des choses qu'on a écrites, dans ce petit journal-là, qu'on ne se serait probablement pas dites. On s'est parlé de ce qu'on faisait, ce qu'on aimerait faire, comment on se sentait. Peut-être qu'on ne se serait pas nécessairement tout dit cela. On s'est raconté des histoires aussi, des choses drôles, des blagues que souvent, dans la vie de tous les jours, on n'a pas le temps — ou on ne prend pas le temps — de faire. Alors, je pense que cela a été important pour ça aussi, qu'on puisse s'écrire d'autres choses qu'on ne se dit pas ou qu'on ne s'écrit pas normalement.

Je trouve que c'est un bon moyen de faire prendre conscience à nos enfants que c'est agréable d'écrire. On a eu du plaisir, nous, à écrire ! D'ailleurs, on peut écrire aussi pour toutes sortes de raisons. Parfois, Alexis m'a posé des questions. D'autres fois, il me faisait un commentaire. D'autres fois, il m'écrivait une blague, il m'écrivait pour me faire rire. D'autres fois, c'était plus sérieux, il écrivait comment il se sentait. Je pense que ça fait prendre conscience aux enfants, que l'on n'écrit pas juste pour prendre une note, qu'on écrit pour toutes sortes de raisons, et que, comme je l'ai dit, ça peut être agréable.

Cela donne aussi une pratique d'écriture. Les mots que l'enfant a appris à l'école, il peut les réutiliser. [...] Les enfants vont apprendre beaucoup en s'exerçant. Je pense que c'est une bonne façon parce que ce ne sont pas les exercices de l'école, c'est différent de ce qu'ils font à l'école, c'est différent des exercices qu'on leur demande de faire dans les devoirs.

J'aimerais maintenant vous inviter à réagir à ces propos.

- Comment pourriez-vous vivre l'activité avec votre enfant ?
- Quel type de soutien pourriez-vous lui donner pour qu'il puisse lire vos messages, pour qu'il puisse aussi vous en écrire ?
- Quels types de messages pourriez-vous échanger à l'intérieur de ce journal ?

Distribution du matériel et pratique des parents et des enfants

En distribuant un calepin aux participants, présentez-leur le déroulement et les objectifs de l'activité.

Aujourd'hui, je vous invite à commencer l'écriture de votre journal personnel. Avant de commencer à écrire des messages, il serait intéressant de laisser un espace pour pouvoir écrire un titre (par exemple, « Entre mes parents et moi »), illustrer la page couverture ou placer des photos.

Distribuez la fiche : « Écriture d'un journal en duo » (fiche 6C, page 70) et commentez-la. Puis invitez chaque équipe à déterminer qui écrira le premier message.

Circulez ensuite dans les groupes, encouragez et soutenez ceux qui le souhaitent. Finalement, animez un bref retour sur l'activité, au cours duquel vous inviterez les participants à échanger sur leur réalisation. Dans un premier temps, donnez la parole aux enfants.

- Avez-vous apprécié l'activité ? Pourquoi ?
- Est-ce que c'était facile ou difficile ?
- Est-ce qu'à la maison tu auras envie d'écrire des messages à maman ou papa ?
- Que penses-tu écrire ?

6.7   Retour sur l'atelier et planification

Faites un retour sur l'atelier avec les parents. Après quoi, suggérez-leur de faire une ou deux inscriptions dans le journal au cours de la semaine.

- Cette activité vous paraît-elle réalisable ?
- Pourrez-vous l'insérer dans votre horaire ?
- À quel endroit placerez-vous le journal ?
- Qui pourra y écrire des messages ?
- Avez-vous des questions ?

Le plaisir d'écrire : quelques conseils

- Valorisez les écrits de votre enfant, félicitez-le, dites-lui que vous aimez ses histoires, que vous êtes fier de lui, etc.

- Encouragez les tentatives d'écriture de votre enfant en lui disant d'écrire du mieux qu'il peut sans avoir peur de faire des erreurs. (N'exigez pas une orthographe ou une calligraphie parfaite.)

- Présentez l'activité comme un jeu et créez un climat agréable. Choisissez un endroit calme, de préférence éloigné du téléviseur. Il serait intéressant que ces activités d'écriture soient vécues dans un petit espace où l'on pourra ranger son matériel de lecture et d'écriture.

- Ne mettez pas l'accent sur les fautes d'orthographe, ne leur accordez pas trop d'importance, car cela pourrait décourager l'enfant et réduire son intérêt pour l'écriture.

- Si votre enfant ne sait pas comment écrire un mot, vous pouvez l'aider à l'épeler, lui suggérer de prononcer le mot lentement, syllabe par syllabe, et d'identifier les sons qu'il entend (au début du mot, au milieu, à la fin, etc.) puis de trouver quelles lettres il pourrait utiliser pour écrire ces sons.

- N'obligez pas l'enfant à terminer la tâche tout de suite s'il est fatigué, agité ou si vous sentez que son intérêt et son attention ont disparu (il est préférable de faire des périodes moins longues pour éviter de l'ennuyer).

- Essayez de trouver, dans l'entourage de votre enfant, des personnes (père, frère, sœur, grand-mère, voisin, oncle, etc.), à qui il pourra lire ou faire lire ses textes.

Suggestions de jeux d'écriture

Jeux faits avec les étiquettes-mots personnelles ou les étiquettes-mots fournies à l'école

Jeux simples

- Composez une phrase à l'aide des étiquettes et demandez à votre enfant de la lire.
- En vous servant des étiquettes, composez le début d'une phrase et invitez l'enfant à la compléter.
- Invitez votre enfant à utiliser les étiquettes pour former une phrase et demandez-lui de la lire.

Remplace-moi

- Demandez à votre enfant de remplacer un mot dans une phrase.
  Exemple : Le chaton joue.
  Le chaton mange.

Méli-mélo

- Composez mentalement une courte phrase. Donnez à votre enfant les étiquettes qui permettront de l'écrire en l'invitant à placer les mots dans le bon ordre.

Devinette

- Parmi les étiquettes, choisissez un mot sans le dire à votre enfant et formulez des indices qui lui permettront de l'identifier. Par exemple, dites : « C'est un animal qui a de très grandes oreilles et une trompe… qui est-ce ? »
  L'enfant trouve l'étiquette et lit le mot *éléphant*.

Jeu du tiroir

- Invitez votre enfant à classer des mots :
  - en mettant ensemble tous ceux qui commencent par la ou les mêmes lettres ;
  - en réunissant tous ceux qui ont un son identique ;
  - par ordre alphabétique.

Le détective

- Choisissez quatre ou cinq mots qui se ressemblent, placez les étiquettes côte à côte et demandez à votre enfant de trouver le mot de son choix.

  Exemple : ami, mai, aime, moi, aide

L'histoire en chaîne

- Vous et votre enfant écrivez une histoire conjointement, en composant une phrase à tour de rôle.
- Par exemple, vous commencez l'histoire par la phrase suivante : « Il était une fois une petite souris qui s'ennuyait toute seule dans une grande maison. »
- Votre enfant doit ensuite écrire une phrase pour poursuivre l'histoire.
- Une fois la phrase de l'enfant écrite, vous en ajoutez une autre.
- Et le jeu se poursuit ainsi jusqu'à ce que l'histoire soit complétée.

Il pourrait être amusant de réaliser cette activité à trois, en faisant participer, par exemple, un grand frère ou une grande sœur.

Écriture d'un journal en duo

Les parents et l'enfant communiquent quotidiennement par l'intermédiaire d'un journal intime. Ils s'écrivent de courts messages (questions, commentaires sur le travail de l'enfant, critique d'un livre, mots gentils, secrets, surprises, expression de sentiments, dessins, etc.).

Conseils

- L'enfant doit être encouragé à répondre par écrit aux messages que vous lui écrivez dans le journal.

- Le journal peut être enrichi de messages venant d'autres personnes (grands-parents, frères ou sœurs, oncles ou tantes, gardiens ou gardiennes, enseignante ou enseignant, etc.). L'enfant prendra un réel plaisir à les lire et à y répondre.

- Placez toujours le journal au même endroit afin que les membres de la famille puissent y avoir facilement accès pour le lire ou y consigner leurs messages. (Il ne faut pas être continuellement à sa recherche...)

- Placez un porte-crayons à côté du journal, de manière à inciter les gens à y inscrire leurs messages.

- Ne corrigez pas les fautes d'orthographe.

- Cette activité devrait se poursuivre toute l'année.

Qu'est-ce qu'écrire ?

Avant (conception ancienne)

- Bien écrire consiste à :
  - tracer les lettres correctement ;
  - ne pas faire de faute.
- Il existe plusieurs fausses croyances au sujet de l'écriture :
  - Un texte s'écrit d'un seul jet.
  - L'écriture se fait dans le silence.
  - Le scripteur peut tout contrôler en même temps (choix et organisation des idées, organisation, formulation des phrases, orthographe, etc.).
  - L'enseignante ou l'enseignant peut se contenter d'intervenir à la fin pour corriger.

Maintenant (conception actuelle)

- Écrire est un processus complexe qui implique les habiletés suivantes :

Choisir ses idées

Réviser, améliorer   **Rédiger, organiser, faire des liens**

- Il importe de soutenir l'enfant tout au long du processus... pas seulement à la fin.
- Lorsqu'il apprend à écrire, l'enfant a besoin de parler, d'échanger avec quelqu'un.
- L'enfant ne peut pas tout contrôler en même temps. Il doit apprendre qu'il est nécessaire de revenir sur son travail. On suggère donc de :
  - travailler d'abord les idées ;
  - travailler ensuite la forme du texte (structure des phrases, choix des mots, orthographe, etc.).

Exemple de
journal en duo

Page de gauche :

ses l'Halloween

aujourdui ses lhallozeen
mais j'ai trouvé un bonbon
tout seul et je l'est adopter.
Le bonbon ma dit veux tu
me mangé moi j'ai dis
non mais le bonbon a dit
je suis fait pour être mangé
moi. mais pour-coi ?

Page de droite :

Le bonbon a raison, il est fait pour être
mangé. C'est une petite sucrerie pour
nous faire plaisir à l'occasion. Alors
profites-en et mange-le. Hum! ce
sera bon, bon, bon ! !

Croque-moi
Alexis, mais
brosse tes dents après!

Source : Natalie LAVOIE et Alexis LEBEL, 1998.

Écouter lire son enfant qui développe sa compétence

Note : cet atelier est tenu en janvier ou en février lorsque les enfants sont plus autonomes en lecture.

Survol de l'atelier

Déroulement

7.1 Mot d'accueil et retour sur les activités réalisées à la maison

7.2 Présentation de l'atelier

7.3 Démonstration des interventions à faire pendant la lecture

7.4 Discussion sur la façon d'écouter lire son enfant

Arrivée des enfants

7.5 Pratique de lecture partagée

Départ des enfants

7.6 Retour sur l'atelier et planification

Matériel nécessaire

- Livre servant à la démonstration d'une lecture partagée ou vidéocassette de démonstration
- Livres à emprunter
- « Survol de l'atelier »

À distribuer aux participants

- « Écouter lire son enfant : comment créer un climat agréable ? » (fiche 7A, page 78)
- « Écouter lire son enfant : vous avez des questions ? » (fiche 7B, page 79)
- « Écouter lire son enfant : suggestions d'activités faciles à réaliser » (fiche 7C, page 80)

7.1 Mot d'accueil et retour sur les activités réalisées à la maison

Souhaitez la bienvenue aux participants. Invitez-les à partager les expériences qu'ils ont faites depuis la dernière rencontre et mettez-les à contribution pour trouver des solutions aux difficultés qui sont évoquées.

- *Est-ce qu'il vous a été possible de pratiquer les différentes activités que nous avons vues ensemble ?*
- *Qu'avez-vous observé chez votre enfant ?*
- *Certains aspects sont-ils à clarifier ?*
- *Avez-vous éprouvé des difficultés ?*
- *Les enfants semblaient-ils apprécier ces différentes activités ?*

7.2 Présentation de l'atelier

Quoi ? Comment ?

Aujourd'hui, nous poursuivons la réflexion qui a été amorcée au cours des ateliers précédents, pour mieux approfondir notre conception de l'apprentissage de la lecture et de la manière dont on peut aider efficacement son enfant.

Vous aurez d'abord à regarder une démonstration réalisée avec un enfant. (Cette démonstration pourrait provenir de l'ensemble de vidéo-cassettes présentées en introduction (page XI) ou encore être préparée par vous-même.) Cette démonstration est effectuée avec un enfant qui est au milieu de sa première année. Après la démonstration, je vais vous inviter à exprimer ce que vous avez pu observer quant au climat, aux attitudes et aux interventions. Nous irons ensuite chercher les enfants pour vous permettre de vous exercer avec eux, selon vos besoins. Vous ferez alors une lecture partagée et je pourrai vous soutenir au besoin. Ensuite, nous échangerons sur votre expérience. Nous terminerons par des suggestions d'activités à réaliser au cours des prochaines semaines.

Pourquoi ?

Les différentes activités de cet atelier vont vous permettre de mieux comprendre comment se développe l'habileté à lire, comment on peut soutenir les enfants et comment on peut leur proposer des défis raisonnables, tout en les motivant à devenir de plus en plus compétents.

7.3 Démonstration des interventions à faire pendant la lecture

Présentez au groupe l'exemple d'un adulte qui écoute lire un enfant tout en recourant à des stratégies d'intervention adéquates :

- avant la lecture ;
- pendant la lecture ;
- après la lecture.

Si on utilise une vidéocassette, il ne faut pas hésiter à interrompre la visualisation pour mettre en évidence certaines des stratégies utilisées.

7.4 Discussion sur la façon d'écouter lire son enfant

Tout au long de la lecture, vous avez sûrement remarqué que la mère était très active et intervenait souvent pour poser une question, formuler un commentaire sur le texte ou l'image, aider l'enfant à lire un mot difficile, etc.

- Pouvez-vous identifier les interventions qu'elle a effectuées lors de l'activité ?
- Comment s'y prenait-elle pour aider l'enfant lorsqu'il butait sur un mot ?
- Que faisait-elle pour vérifier sa compréhension du texte ?
- Que faisait-elle pour aider l'enfant à prévoir ?
- Comment faisait-elle pour aider l'enfant à vérifier ?

Vous avez remarqué que la mère est intervenue avant la lecture (pour aider l'enfant à préparer celle-ci), pendant la lecture et après celle-ci (pour amener l'enfant à réagir au texte). Nous allons centrer notre discussion sur les interventions qui se sont produites pendant la lecture.

Distribuez aux participants les fiches 7A et 7B (pages 78 et 79) et animez une discussion sur le contenu de ces fiches. Vous pouvez également poser quelques-unes des questions suivantes.

- Quel climat semblait régner au cours de l'activité ?
- L'enfant semblait-il apprécier l'activité ou la réaliser à contrecœur ? Comment l'adulte réagissait-il ?
- Que faisait-il pour motiver, pour encourager l'enfant à poursuivre ?

7.5 Pratique de lecture partagée

Invitez les enfants à rejoindre leurs parents, puis présentez-leur le déroulement de l'activité. Ensuite, invitez chaque équipe parent-enfant à procéder à une lecture partagée. Avant le départ des enfants, animez un bref échange au cours duquel vous donnerez la parole à ceux-ci pour mesurer leur niveau de satisfaction et les apprentissages réalisés.

7.6 Retour sur l'atelier et planification

Invitez les participants à échanger leurs impressions sur l'atelier qu'ils viennent de vivre.

- Comment vous sentez-vous face à l'activité que nous venons de vous proposer?
- Avez-vous éprouvé des difficultés?
- Qu'avez-vous observé?
- Pensez-vous que cette activité pourra s'intégrer facilement dans votre vie de tous les jours?
- Quels sont les apprentissages que vous avez réalisés?

En terminant l'atelier, rappelez aux parents l'importance d'écouter lire leur enfant chaque jour, jusqu'à la fin de l'année.

Enfin, distribuez aux parents la fiche « Écouter lire son enfant : suggestions d'activités faciles à réaliser » (fiche 7C, page 80). Pour clore l'atelier, procéder au prêt de livres. Tous les livres devront être rapportés lors du prochain atelier, qui sera le dernier. Avertissez bien vos participants lunatiques !

Écouter lire son enfant : comment créer un climat agréable ?

- Installez-vous dans un endroit calme et confortable.

- Choisissez des livres adaptés à votre enfant (beaucoup d'images, une ou deux phrases par page).

- Encouragez votre enfant, n'hésitez pas à le féliciter, à lui témoigner de l'affection, à lui dire que vous le trouvez bon, etc.

- Lorsqu'il commet des erreurs, fournissez-lui de l'aide en évitant de le critiquer, de le disputer ou de dramatiser les erreurs (ne pas le laisser en position d'échec).

- Mettez l'accent sur la compréhension de l'histoire.

- Réagissez au contenu de l'histoire (riez quand c'est drôle, montrez de la surprise, etc.).

- Vérifiez si votre enfant a compris ce qu'il a lu :

  - en lui posant des questions ;

  - en l'invitant à formuler des commentaires sur l'histoire, les événements, les personnages, les illustrations ;

  - en lui demandant de vous redire une phrase ou l'histoire dans ses mots ;

  - en l'incitant à réagir, à exprimer des émotions, des sentiments.

- Faites preuve de patience et de compréhension !

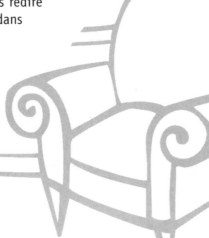

Écouter lire son enfant : vous avez des questions ?

Que dois-je faire lorsque mon enfant lit ?

De façon générale, évitez de corriger l'enfant trop souvent. En effet, si vous l'interrompez constamment, vous risquez de lui faire perdre de vue le but de sa lecture et de réduire sa compréhension. De plus, cela peut l'ennuyer, le décourager ou diminuer sa confiance en lui.

Comment réduire le nombre d'interventions ?

Attardez-vous aux erreurs de lecture qui changent le sens, c'est-à-dire à celles qui risquent de nuire à la compréhension du texte.

Si le livre est vraiment trop difficile, vous pouvez ou bien le lire à l'enfant et lui demander de le lire ensuite, ou bien lire des parties du livre avec lui, soit les plus difficiles, tout en invitant l'enfant à lire celles qui semblent plus simples.

Dois-je laisser mon enfant deviner des mots ?

Oui, il s'agit d'une stratégie de lecture. Toutefois, si votre enfant fait une erreur :

- demandez-lui de vérifier la justesse de sa prédiction en regardant les premières lettres du mot ;

  ou

- invitez-le à poursuivre sa lecture jusqu'à la fin de la phrase pour vérifier si sa prédiction a du sens.

Que dois-je faire quand mon enfant fait une erreur en lisant un mot ?

Est-ce que l'erreur change le sens ?

- Non : je n'interviens pas, je le laisse continuer.

- Oui : je lui laisse trois à quatre secondes pour s'autocorriger et s'il poursuit sa lecture sans rectifier son erreur, je peux :

  - lui proposer une ou des stratégies ;
  - l'aider à utiliser une stratégie ;
  - lui montrer comment trouver le mot à l'aide d'une stratégie (lui servir de modèle afin qu'il apprenne comment utiliser cette stratégie) ;
  - lui dire le mot, tout simplement.

Est-ce que mon enfant doit être capable de lire tous les mots d'un texte ?

Non. Il est tout à fait normal que l'enfant ne sache pas lire tous les mots : il est en train d'apprendre. En première année, il a besoin de beaucoup d'aide. N'hésitez pas à lui en offrir, c'est-à-dire :

- à lui proposer des stratégies pour se dépanner devant un mot difficile ;

- à utiliser vous-même les stratégies devant lui afin de lui montrer comment faire et comment réfléchir lorsqu'il utilise ces stratégies ;

- à lire certains mots ou certains passages plus difficiles s'il n'arrive pas à le faire malgré votre aide.

Que dois-je faire si la lecture n'est pas terminée et que mon enfant semble fatigué ou agité ?

Cette activité devrait être complétée en dix minutes. Si elle demande plus de temps, il est normal que votre enfant éprouve de la fatigue. Lisez-lui la fin du texte ou reprenez la lecture le lendemain à l'endroit où vous vous êtes arrêtés ; prenez soin, alors, de lui résumer ou de relire la partie déjà lue.

Écouter lire son enfant : suggestions d'activités faciles à réaliser

- Inciter son enfant à lire un livre à un petit frère, à une petite sœur, à un ami, à un grand-parent, etc.

- Permettre à son enfant d'enregistrer sa lecture sur cassette et de l'écouter en suivant avec le livre.

- Faire une chasse au trésor à l'aide d'indices (courtes phrases) que l'enfant doit lire pour trouver l'objet convoité.

- Lire une histoire et la mimer (on peut se servir de marionnettes, d'accessoires — chapeau, épée, coffre, etc. — ou de costumes).

ATELIER 8

La synthèse et la fête

Survol de l'atelier

Déroulement

8.1 Mot d'accueil et retour sur les activités réalisées à la maison

8.2 Présentation de l'atelier

8.3 Synthèse réalisée à partir de la fiche « Le plaisir de lire et d'écrire » (fiche 1B, page 12)

8.4 Évaluation du programme (fiche d'appréciation)

Arrivée des enfants

8.5 Activité-surprise

8.6 La fête

Matériel nécessaire

- « Le plaisir de lire et d'écrire » (fiche 1B, page 12)
- « Survol de l'atelier »
- Collation
- Surprise... (*voir page 83*)
- Fiche d'appréciation (annexe 8A ou 8B, pages 85-87 ou 88-90)

À distribuer aux participants

- Un livre pour chacun des enfants (si le budget le permet)

8.1 Mot d'accueil et retour sur les activités réalisées à la maison

Souhaitez la bienvenue aux participants et invitez les parents à partager les expériences qu'ils ont faites durant la semaine.

- Avez-vous essayé le journal en duo avec votre enfant ?
- Comment cela s'est-il passé ?
- Votre enfant s'est-il impliqué ?
- Comment a-t-il réagi à vos messages ?
- Semblait-il éprouver des difficultés à écrire les siens ?
- Et vous, avez-vous aimé l'activité ?
- Aviez-vous de la difficulté à trouver quoi écrire à votre enfant ?
- Quels étaient vos trucs pour vous faire penser d'écrire dans le journal ?
- Pensez-vous qu'il est possible de garder cette activité à l'horaire familial ?

8.2 Présentation de l'atelier

Quoi ? Comment ?

Aujourd'hui, nous vivons notre dernier atelier. Nous allons donc en profiter pour faire un bref retour sur l'ensemble des ateliers. Pour ce faire, nous allons nous servir de la fiche synthèse que je vous ai remise lors du tout premier atelier.

Ensuite, nous allons procéder à l'évaluation du programme. Nous aimerions connaître vos commentaires sur les ateliers.

- Qu'est-ce que vous avez trouvé facile ?
- Qu'est-ce que vous avez trouvé difficile ?
- Est-ce que les activités ont été utiles ?
- Qu'est-ce qui a entraîné votre participation ?

Présentez ensuite l'activité-surprise. Cette activité peut prendre diverses formes. Par exemple, on peut inviter un auteur de littérature jeunesse à animer un atelier à partir d'un roman et de ses personnages. On peut aussi présenter des « livres » écrits par les enfants au cours des dernières semaines, ou encore, demander à l'enseignante ou l'enseignant de faire une lecture. Le tout se termine par une collation et c'est la fête !

8.3 Synthèse réalisée à partir de la fiche « Le plaisir de lire et d'écrire »

Revoyez avec le groupe chacun des moyens suggérés sur la fiche « Le plaisir de lire et d'écrire » (fiche 1B, page 12) en rappelant leurs buts et leur importance. Une discussion avec les parents sur les différentes activités vécues tout au long de l'expérimentation du programme permettra de faire ressortir les « trucs », les difficultés éprouvées ainsi que les solutions que l'on a trouvées pour rendre l'apprentissage de la lecture et de l'écriture le plus motivant et le plus agréable possible.

8.4 Évaluation du programme

L'évaluation du programme peut se faire de deux façons :

- vous pouvez remettre à chaque participant le « Questionnaire aux parents » (annexe 8A, pages 85-87) en prenant bien soin de lire chaque question avec eux ;
- ou encore, vous pouvez procéder à une évaluation plus informelle en utilisant le « Questionnaire de groupe » (annexe 8B, pages 88-90) et en notant un résumé des différents commentaires.

8.5 Activité-surprise

La personne invitée anime une activité à partir des personnages d'un de ses récits. Elle peut utiliser des marionnettes, faire dessiner par les enfants une séquence de l'histoire, etc. Elle peut expliquer aux enfants comment on arrive à écrire une histoire (choix des personnages, des lieux, de l'intrigue, etc.).

S'il est impossible de recevoir un auteur, les enfants peuvent présenter les histoires qu'ils ont eux-mêmes inventées au cours des dernières semaines. Ils peuvent les raconter, les mimer, se déguiser, etc.

Il est aussi possible d'inviter leur enseignante ou leur enseignant à venir raconter une histoire.

8.6 La fête

Vous invitez ensuite les enfants et les parents à prendre une collation. Si le budget le permet, on fait le cadeau d'un livre à chaque enfant. On peut aussi offrir des livres dédicacés de l'auteur invité ou encore procéder au tirage de quelques livres.

Nom de votre enfant : _____

Questionnaire aux parents

Cochez une ou plusieurs réponses.

1. Pourquoi avez-vous choisi de participer au programme ?

❑ *Les sujets abordés dans les ateliers m'intéressaient.*

❑ *Mon enfant me l'a demandé.*

❑ *D'autres parents m'en ont convaincu.*

❑ *Autre :* _____

2. Quels étaient au départ vos besoins ?

❑ *Besoin d'information générale.*

❑ *Besoin de conseils et de moyens concrets pour aider mon enfant en lecture et en écriture.*

❑ *Besoin de rencontrer d'autres parents pour discuter.*

❑ *Autre :* _____

Encerclez un seul chiffre pour chacune des questions.

	Pas du tout	Un peu	Assez	Beaucoup
3. Avez-vous apprécié de participer à ce programme ?	1	2	3	4
4. Avez-vous gardé votre motivation tout au long de la réalisation du programme ?	1	2	3	4
5. Trouvez-vous que les moyens proposés lors des ateliers peuvent facilement s'appliquer à la maison ?	1	2	3	4
6. La façon de voir l'apprentissage de la lecture et de l'écriture vous convenait-elle ?	1	2	3	4
7. Les documents que vous avez reçus ont-ils été utiles ?	1	2	3	4

	Pas du tout	Un peu	Assez	Beaucoup
8. Comment avez-vous apprécié les différentes étapes du déroulement des ateliers?				
a) retour sur l'activité à la maison	1	2	3	4
b) échange avec les autres parents	1	2	3	4
c) information donnée par la personne responsable de l'animation	1	2	3	4
d) démonstration ou vidéocassette	1	2	3	4
e) analyse de la démonstration	1	2	3	4
f) pratique avec les enfants	1	2	3	4
g) retour sur l'atelier	1	2	3	4
h) planification des activités à réaliser à la maison	1	2	3	4
9. Avez-vous trouvé difficile ou lourd de participer aux ateliers?	1	2	3	4
10. Est-ce que le programme a changé quelque chose dans votre façon de travailler la lecture avec votre enfant?	1	2	3	4
11. Est-ce que le programme a changé quelque chose dans votre façon de travailler l'écriture avec votre enfant?	1	2	3	4

	Rarement ou jamais	À l'occasion	Assez souvent	Très souvent
12. À la maison, avec votre enfant, à quelle fréquence avez-vous appliqué les moyens suggérés lors des ateliers?				
a) lecture d'une histoire (préparer la lecture, en favoriser la compréhension par l'enfant, amener celui-ci à réagir)	1	2	3	4
b) abécédaire	1	2	3	4
c) jeux de lettres	1	2	3	4

	Rarement ou jamais	À l'occasion	Assez souvent	Très souvent
d) boîte de mots personnels	1	2	3	4
e) histoire en duo	1	2	3	4
f) lecture partagée (avant, pendant et après)	1	2	3	4
g) pratiques de lecture et d'écriture dans la vie de tous les jours	1	2	3	4
h) journal en duo	1	2	3	4

Cochez une seule réponse.

13. La durée des ateliers vous convenait-elle?

❑ *Oui, c'était parfait.*

❑ *Non, c'était trop court.*

❑ *Non, c'était trop long.*

14. Le nombre d'ateliers vous convenait-il?

❑ *Oui, c'était parfait.*

❑ *Non, c'était insuffisant.*

❑ *Non, c'était trop.*

15. La fréquence des ateliers vous convenait-elle?

❑ *Oui, un atelier par semaine, c'est parfait.*

❑ *Non, un atelier par semaine, ce n'est pas suffisant.*

❑ *Non, un atelier par semaine, c'est trop.*

16. Recommanderiez-vous le programme à d'autres parents? Expliquez votre réponse.

❑ *Oui*   ❑ *Non*

_____

_____

17. Avez-vous des suggestions ou des commentaires à faire?

_____

_____

_____

Merci de votre collaboration!

Questionnaire
de groupe

Posez les questions suivantes à l'ensemble des participants, demandez-leur de préciser leurs réponses au besoin et noter un résumé de leurs commentaires.

1. Pourquoi avez-vous choisi de participer au programme? Quels étaient au départ vos besoins?

   _____

   _____

   _____

   _____

2. Qu'est-ce qui a fait naître votre désir de participer aux ateliers: demande de l'enfant, sujets abordés lors des ateliers, possibilité de rencontrer et d'échanger avec d'autres parents?

   _____

   _____

   _____

   _____

3. Avez-vous gardé votre motivation tout au long du programme?

   _____

   _____

   _____

   _____

4. Trouvez-vous que les moyens proposés lors des ateliers pouvaient facilement s'appliquer à la maison?

   _____

   _____

   _____

   _____

5. Avez-vous éprouvé des difficultés particulières dans l'application des différents moyens suggérés?

- lecture d'histoires _____
  _____

- abécédaire _____
  _____

- jeux de lettres _____
  _____

- boîte de mots personnels _____
  _____

- histoire en duo _____
  _____

- lecture partagée _____
  _____

- pratiques de lecture et d'écriture dans la vie de tous les jours
  _____
  _____

- journal en duo _____
  _____

6. Certains moyens vous ont-ils paru plus efficaces que d'autres?
   _____
   _____
   _____

7. Pensez-vous continuer à les utiliser?
   _____
   _____
   _____

8. La façon de voir l'apprentissage de la lecture et de l'écriture vous convenait-elle?

_____

_____

_____

9. La structure des ateliers (retour sur l'activité réalisée à la maison, échange de vues, information, démonstration, vidéocassette, analyse des moyens démontrés, retour sur l'atelier, planification) vous convenait-elle?

_____

_____

_____

10. La durée, le nombre et la fréquence des ateliers vous convenaient-ils?

_____

_____

_____

11. Avez-vous trouvé difficile de participer aux ateliers?

_____

_____

_____

12. Le programme a-t-il changé quelque chose? Votre engagement auprès de votre enfant «apprenti-lecteur et scripteur» a-t-il été différent?

_____

_____

_____

13. Avez-vous des suggestions à faire?

_____

_____

_____

_____

_____

_____

Visite à la bibliothèque

Note : lorsque c'est possible, une visite à la bibliothèque du quartier peut s'avérer fort intéressante pour les enfants et leurs parents. Cela est d'autant plus pertinent lorsque peu de familles sont abonnées à la bibliothèque. Cette activité peut avoir lieu à n'importe quel moment durant le programme.

1. Mot d'accueil et modalités d'emprunt des livres

La personne responsable de la visite souhaite la bienvenue au groupe et précise comment faire pour emprunter des livres dans sa bibliothèque.

La bibliothèque Notre-Dame, par exemple, est la seule bibliothèque du quartier Saint-Henri, à Montréal. Le fait d'y être abonné permet toutefois d'emprunter des livres dans toutes les bibliothèques de la ville de Montréal. (Il en va de même à Québec, où le fait d'être abonné à la bibliothèque Gabrielle-Roy ou à une autre bibliothèque de quartier permet l'accès à toutes les bibliothèques de la ville.)

En général, un abonné peut emprunter quinze livres d'enfants pour une période de trois semaines.

2. Types de livres que l'on peut emprunter

La personne responsable de la visite présente différents ouvrages que l'on peut emprunter en commentant chacun d'eux. À la bibliothèque Notre-Dame de Saint-Henri, par exemple, on trouve :

- des albums ;
- des livres-cassettes ;
- des livres cartonnés pour les jeunes enfants ;
- des revues : *Les belles histoires* et *J'aime lire* ; ces revues contiennent des histoires, des jeux, etc. ;
- des bandes dessinées ;
- des livres de référence (pour faire des recherches, pour répondre aux questions que l'on se pose, etc.) ;
- des posters pour décorer sa chambre ;
- la collection « Biblioparents », soit des livres de référence à l'intention des parents (développement et croissance de l'enfant, aide aux devoirs, etc.).

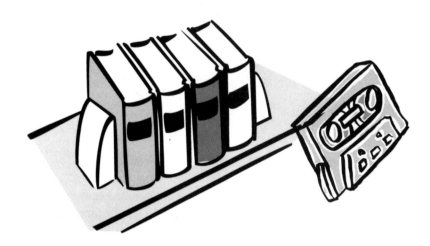

3. Services offerts

La liste des différents services offerts est présentée au groupe. Ainsi, à la bibliothèque Notre-Dame, on peut :

- emprunter des livres ;
- emprunter des jeux pour jouer sur place ;
- participer à des activités de dessin, de coloriage ;
- participer à « L'heure du conte » ;
- naviguer dans Internet (pour les parents) ;
- faire appel aux services de la bibliothécaire afin de trouver l'information nécessaire pour faire une recherche ou pour trouver des réponses à des questions que l'on se pose.

Plusieurs bibliothèques offrent l'activité nommée « L'heure du conte ». Il s'agit d'un moment privilégié où une histoire est racontée aux enfants. Il pourrait être intéressant de faire coïncider cette activité avec le moment de la visite. À tout le moins, l'horaire habituel de cette activité et le calendrier des rencontres devraient être remis aux participants.

4. Visite guidée de la bibliothèque

Chaque section de la bibliothèque est présentée au groupe (ouvrages de références, disques, magazines, etc.). Évidemment, on s'attarde davantage sur les rayons destinés aux enfants.

5. Inscription à la bibliothèque

À la fin de l'activité, un formulaire d'inscription à la bibliothèque est remis aux parents intéressés. Ceux qui s'inscrivent peuvent emprunter immédiatement des livres.

Bibliographie

CHRISTIE, J.F. et coll. *Readings for Linking Literacy and Play*, Newark, International Reading Association, 1995.

GAMBRELL, L.B. et coll. « Helping First Graders Get a Running Start in Reading », dans L.M. MORROW (éd.), *Family Literacy: Connections in Schools and Communities*, (p. 143-154), Newark, International Reading Association, 1995.

GIASSON, J. *La lecture: De la théorie à la pratique*, Boucherville, Gaëtan Morin, 1995.

LAREAU, A. « Assessing Parent Involvement in Schooling: A Critical Analysis », dans A. BOOTH et J.F. DUNN (éd.), *Family-school Links: How do They Affect Educational Outcomes?*, (p. 57-64), Mahwah, Erlbaum, 1996.

McCARTHEY, S.J. « Connecting Home and School Literacy Practices in Classrooms with Diverse Populations », *Journal of Literacy Research*, 29 (2), p. 145-182, 1997.

MORROW, L.M. *Family Literacy: Connections in Schools and Communities*, Newark, International Reading Association, 1995.

MORROW, L.M. et J. YOUNG. « A Family Literacy Program Connecting School and Home: Effects on Attitude, Motivation, and Literacy Achievement », *Journal of Educational Psychology*, 89, p. 736-742, 1997.

NEUMAN, S.B et K.A. ROSKOS. *Children Achieving: Best Practices in Early Literacy*, Newark, International Reading Association, 1998.

PURCELL-GATES, V. *Other People's Words: The Cycle of Low Literacy*, London, Harvard University Press, 1995.

SAINT-LAURENT, L. « Les programmes de prévention de l'échec scolaire: Des développements prometteurs », dans F. VITARO et C. GAGNON (éd.), *Prévention des problèmes d'adaptation chez les enfants et les adolescents*, Tome II, p. 5-54, Ste-Foy, Presses de l'Université du Québec, 2000.

SNOW, C.E., M.S. BURNS et P. GRIFFIN. *Preventing Reading Difficulties in Young Children*, Washington, National Academy Press, 1998.

STANOVICH, K.E. *Progress in Understanding Reading: Scientific Foundations and New Frontiers*, New York, The Guilford Press, 2000.

THOMAS, A., L. FAZIO et B.L. STIEFELMEYER. *Families at School: A Handbook for Parents*, Newark, International Reading Association, 1999.

Chenelière/Didactique

A APPRENTISSAGE

Apprendre et enseigner autrement
P. Brazeau, L. Langevin
- GUIDE D'ANIMATION
- VIDÉO N° 1   DÉCLENCHEUR
- VIDÉO N° 2   UN SERVICE-ÉCOLE POUR JEUNES À RISQUE D'ABANDON SCOLAIRE
- VIDÉO N° 3   LE PARRAINAGE ACADÉMIQUE
- VIDÉO N° 4   LE MONITORAT D'ENSEIGNEMENT
- VIDÉO N° 5   LA SOLIDARITÉ ACADÉMIQUE

Au pays des gitans
Recueil d'outils pour intégrer l'élève en difficulté dans la classe régulière
Martine Leclerc

Être prof, moi j'aime ça !
Les saisons d'une démarche de croissance pédagogique
L. Arpin, L. Capra

Intégrer les matières de la 7e à la 9e année
Ouvrage collectif

La gestion mentale
Au cœur de l'apprentissage
Danielle Bertrand-Poirier,
Claire Côté, Francesca Gianesin, Lucille Paquette Chayer
- COMPRÉHENSION DE LECTURE
- GRAMMAIRE
- MÉMORISATION
- RÉSOLUTION DE PROBLÈMES

L'apprentissage à vie
La pratique de l'éducation des adultes et de l'andragogie
Louise Marchand

L'apprentissage par projets
Lucie Arpin, Louise Capra

Le cerveau et l'apprentissage
Mieux comprendre le fonctionnement du cerveau pour mieux enseigner
Eric Jensen

Les intelligences multiples
Guide pratique
Bruce Campbell

Les intelligences multiples dans votre classe
Thomas Armstrong

Les secrets de l'apprentissage
Robert Lyons

Par quatre chemins
L'intégration des matières au cœur des apprentissages
Martine Leclerc

Pour apprendre à mieux penser
Trucs et astuces pour aider les élèves à gérer leur processus d'apprentissage
Pierre-Paul Gagné

Stratégies pour apprendre et enseigner autrement
Pierre Brazeau

Vivre la pédagogie du projet collectif
Collectif Morissette-Pérusset

C CITOYENNETÉ ET COMPORTEMENT

Citoyens du monde
Éducation dans une perspective mondiale
Véronique Gauthier

Collection Rivière Bleue
Éducation aux valeurs par le théâtre
Louis Cartier, Chantale Métivier
- SOIS POLI, MON KIKI (la politesse, 6 à 9 ans)
- LES PETITS PLONGEONS (l'estime de soi, 6 à 9 ans)
- AH ! LES JEUNES, ILS NE RESPECTENT RIEN (les préjugés, 9 à 12 ans)
- COUP DE MAIN (la coopération, 9 à 12 ans)

Et si un geste simple donnait des résultats...
Guide d'intervention personnalisée auprès des élèves
Hélène Trudeau et coll.

J'apprends à être heureux
Robert A. Sullo

La réparation: pour une restructuration de la discipline à l'école
Diane C. Gossen
- MANUEL
- GUIDE D'ANIMATION

La théorie du choix
William Glasser

L'éducation aux droits et aux responsabilités au primaire
Commission des droits de la personne et des droits de la jeunesse du Québec

L'éducation aux droits et aux responsabilités au secondaire
Commission des droits de la personne et des droits de la jeunesse du Québec

Mon monde de qualité
Carleen Glasser

PACTE: Un programme de développement d'habiletés socio-affectives
B. W. Doucette, S. M. Fowler
- TROUSSE POUR 4e À 7e ANNÉE (PRIMAIRE)
- TROUSSE POUR 7e À 12e ANNÉE (SECONDAIRE)

Relevons le défi
Guide sur les questions liées à la violence à l'école
Ouvrage collectif

Ec ÉDUCATION À LA COOPÉRATION

Ajouter aux compétences
Enseigner, coopérer et apprendre au postsecondaire
Jim Howden, Marguerite Kopiec

Apprendre la démocratie
Guide de sensibilisation et de formation selon
l'apprentissage coopératif
C. Évangéliste-Perron, M. Sabourin, C. Sinagra

Apprenons ensemble
L'apprentissage coopératif en groupes restreints
Judy Clarke et coll.

Découvrir la coopération
Activités d'apprentissage coopératif
pour les enfants de 3 à 8 ans
B. Chambers et coll.

Je coopère, je m'amuse
100 jeux coopératifs à découvrir
Christine Fortin

La coopération au fil des jours
Des outils pour apprendre à coopérer
Jim Howden, Huguette Martin

La coopération en classe
Guide pratique appliqué à l'enseignement
quotidien
Denise Gaudet et coll.

L'apprentissage coopératif
Théories, méthodes, activités
Philip C. Abrami et coll.

Le travail de groupe
Stratégies d'enseignement pour la classe hétérogène
Elizabeth G. Cohen

Structurer le succès
Un calendrier d'implantation de la coopération
Jim Howden, Marguerite Kopiec

E ÉVALUATION ET COMPÉTENCES

Comment construire des compétences en classe
Des outils pour la réforme
Steve Bisonnette, Mario Richard

Construire la réussite
L'évaluation comme outil d'intervention
R. J. Cornfield et coll.

Le plan de rééducation individualisé (PRI)
Une approche prometteuse pour prévenir
le redoublement
Jacinthe Leblanc

**Le portfolio au service de l'apprentissage
et de l'évaluation**
Roger Farr, Bruce Tone
Adaptation française : Pierrette Jalbert

Portfolios et dossiers d'apprentissage
Georgette Goupil
• VIDÉOCASSETTE

Profil d'évaluation
Une analyse pour personnaliser votre pratique
Louise M. Bélair
• GUIDE DU FORMATEUR

G GESTION DE CLASSE

À la maternelle… voir GRAND !
Louise Sarrasin, Marie-Christine Poisson

Apprendre… c'est un beau jeu
L'éducation des jeunes enfants dans un centre
préscolaire
M. Baulu-MacWillie, R. Samson

Construire une classe axée sur l'enfant
S. Schwartz, M. Pollishuke

Je danse mon enfance
Guide d'activités d'expression corporelle
et de jeux en mouvement
Marie Roy

La classe interculturelle
Guide d'activités et de sensibilisation
Cindy Bailey

La multiclasse
Outils, stratégies et pratiques pour la classe multiâge
et multiprogramme
Colleen Politano, Anne Davies
Adaptation française : Monique Le Pailleur

Le conseil de coopération
Un outil pédagogique pour l'organisation de la vie
de classe et la gestion des conflits
Danielle Jasmin

L'enfant-vedette (vidéocassette)
Alan Taylor, Louise Sarrasin

Quand les enfants s'en mêlent
Ateliers et scénarios pour une meilleure motivation
Lisette Ouellet

Quand revient septembre…
Jacqueline Caron
• GUIDE SUR LA GESTION DE CLASSE PARTICIPATIVE
(VOLUME 1)
• RECUEIL D'OUTILS ORGANISATIONNELS (VOLUME 2)

L LANGUE ET COMMUNICATION

À livres ouverts
Activités de lecture pour les élèves du primaire
Debbie Sturgeon

Attention, j'écoute
Jean Gilliam DeGaetano

Conscience phonologique
Marilyn J. Adams, Barbara R. Foorman,
Ingvar Lundberg, Terri Beeler

École et habitudes de lecture
Étude sur les perceptions d'élèves québécois
de 9 à 12 ans
Flore Gervais

Histoire de lire
La littérature jeunesse dans l'enseignement
quotidien
Danièle Courchesne

Le français en projets
Activités d'écriture et de communication orale
Line Massé, Nicole Rozon, Gérald Séguin

Le théâtre dans ma classe, c'est possible !
Lise Gascon

Plaisir d'apprendre
Louise Dore, Nathalie Michaud

Une phrase à la fois
Brigitte Stanké, Odile Tardieu

P — PARTENARIAT ET LEADERSHIP

Amorcer le changement
Diane Gossen, Judy Anderson

**Communications et relations entre l'école
et la famille**
Georgette Goupil

Devoirs sans larmes
Lee Canter
- GUIDE À L'INTENTION DES PARENTS POUR MOTIVER
  LES ENFANTS À FAIRE LEURS DEVOIRS ET À RÉUSSIR
  À L'ÉCOLE
- GUIDE POUR LES ENSEIGNANTES ET LES ENSEIGNANTS
  DE LA 1re À LA 3e ANNÉE
- GUIDE POUR LES ENSEIGNANTES ET LES ENSEIGNANTS
  DE LA 4e À LA 6e ANNÉE

Enseigner à l'école qualité
William Glasser

L'approche-service appliquée à l'école
Une gestion centrée sur les personnes
Claude Quirion

**Nouveaux paradigmes pour la création
d'écoles qualité**
Brad Greene

Pour le meilleur… jamais le pire
Prendre en main son devenir
Francine Bélair

S — SCIENCES ET MATHÉMATIQUES

**Cinq stratégies gagnantes pour l'enseignement
des sciences et de la technologie**
Laurier Busque

De l'énergie, j'en mange !
Alimentation à l'adolescence : information
et activités
Carole Lamirande

Éducation technologique de la 1re à la 9e année
Daniel Hupé

La classe verte
101 activités pratiques sur l'environnement
Adrienne Mason

La pensée critique en mathématiques
Guide d'activités
Anita Harnadek

**Les mathématiques selon les normes du NCTM,
9e à 12e année**
- ANALYSE DE DONNÉES ET STATISTIQUES
- GÉOMÉTRIE SOUS TOUS LES ANGLES
- INTÉGRER LES MATHÉMATIQUES
- UN PROGRAMME QUI COMPTE POUR TOUS

Question d'expérience
Activités de résolution de problèmes en sciences
et en technologie
David Rowlands

Sciences en ville
J. Bérubé, D. Gaudreau

Supersciences
Susan V. Bosak
- À LA DÉCOUVERTE DES SCIENCES
- L'ENVIRONNEMENT
- LE RÈGNE ANIMAL
- LES APPLICATIONS DE LA SCIENCE
- LES ASTRES
- LES PLANTES
- LES ROCHES
- LE TEMPS
- L'ÊTRE HUMAIN
- MATIÈRE ET ÉNERGIE

Un tremplin vers la technologie
Stratégies et activités multidisciplinaires
Ouvrage collectif